Ragini Elizabeth Michaels

Mit den Gegensätzen des Lebens tanzen
Integration als Schlüssel für das Tor zum Jetzt

Ragini Elizabeth Michaels

Mit den Gegensätzen des Lebens tanzen

Integration als Schlüssel für das Tor zum Jetzt

VAK Verlag für Angewandte Kinesiologie GmbH
Freiburg im Breisgau

Titel der amerikanischen Originalausgabe:
Facticity. A door to mental health and beyond
© Ragini Elizabeth Michaels 1991
Erschienen bei: Facticity Trainings, Inc., Post Office Box 22814,
Seattle, Washington 98122, USA
ISBN 0-9628686-0-4

Die Deutsche Bibliothek – CIP-Einheitsaufnahme

Michaels, Ragini Elizabeth:
Mit den Gegensätzen des Lebens tanzen : Integration als Schlüssel für
das Tor zum Jetzt / Ragini Elizabeth Michaels. - Freiburg im Breisgau :
VAK, Verl. für Angewandte Kinesiologie GmbH, 1996
Einheitssacht.: Facticity <dt.>
ISBN 3-924077-89-4
NE:

© VAK Verlag für Angewandte Kinesiologie GmbH, Freiburg 1996
Illustrationen: Anugito Ten Voorde
Übersetzung: Elisabeth Lippmann
Lektorat: Monika Radecki
Umschlag: Hugo Waschkowski
Herstellung: Friedrich Pustet GmbH & Co. KG, Regensburg
Printed in Germany
ISBN 3-924077-89-4

Gewidmet
meinem geliebten Meister

Danke von ganzem Herzen
für die Worte,
die Anwesenheit
und die Abwesenheit

voller Dankbarkeit
und Liebe,
die sich nicht mit Worten
ausdrücken lassen

Mein Dank gilt …

… all jenen Abenteurern, die zur Entwicklung dieses Buches beigetragen haben – die an den Gruppen in der Entstehungszeit von der Methode der FACTICITY teilgenommen haben – die ernsthaft wachsen und einen neuen Lebensstil erforschen wollten und deren Eifer zu beobachten anregend wirkte und die Arbeit wirklich lohnend machte – all den Lernenden, die mir ihre Zeit schenkten, damit ich ihre Reaktionen auf FACTICITY untersuchen und entdecken konnte

… Chiara, Suryo, Rick und Nadine, Ruth und Jay, Martha und Michael, Alexandra und Richard, Tom und Pat für ihr überwältigendes Engagement für ihr persönliches Wachstum und für ihre Bereitschaft, mit mir an der Erforschung dieser neuen Methoden des Bewußtheitstrainings zu arbeiten

… Premananda, Kamaal, Gopal, Arpito, Prabodhi, Christo, Chandralika, Ramananda und Almira für ihre kreativen Beiträge bei der Ausgestaltung dieses Modells

… Waduda, mit dessen Unterstützung ich das Geheimnis und die Magie des Lebens schätzen lernte, wodurch sich mir neue Dimensionen eröffneten, die ich aus Angst nicht als meine eigenen hatte akzeptieren wollen

… Dwight und Nadine für ihre liebevolle und präzise Text-
korrektur, für ihre Unterstützung und ihr Feedback

… Kirk, der mein Leben wahrhaft bereichert und der mit seinen
Fähigkeiten und seinem Weitblick Präzision in diese Arbeit
bringt

… Raga, die nie an mir gezweifelt hat

… und schließlich meiner geliebten Ambodha, deren ruhige
Unterstützung und äußerste Albernheit mich in Gang halten.

Inhaltsverzeichnis

Vorwort

FACTICITY ist aus dem Wunsch heraus entstanden, meine Erkenntnisse über den Wert persönlicher Erfahrungen mit anderen zu teilen. Dieses Buch enthält meine Erfahrungen, die ich bei der Arbeit mit meinem eigenen Geist und mit Hilfe von Meditation und Hypnose (siehe Glossar *Ericksonsche Hypnose* und *Trance*) gewonnen habe. Und es ist ebenso das Ergebnis meiner Arbeit mit Hunderten von Menschen in den vergangenen achtzehn Jahren.

Die Methode der FACTICITY meint „das, was gegeben ist", also eine unveränderliche und unbestreitbare Realität unseres inneren und äußeren Erlebens. Es geht um eine Integration der Gegensätze: „Licht" und „Schatten" – in jeder Dimension des Seins – stehen ohne Wertung nebeneinander. Im Deutschen ist FACTICITY nicht schlüssig durch ein Wort zu übersetzen; es wird im folgenden in der besonderen Schreibweise genannt, um Sie zu erinnern, daß es sich um eine komplexe Methode handelt. (Anm. d. Vlg.; siehe Glossar *FACTICITY*.)

Obwohl ich mich noch nicht dauerhaft in den hier von mir beschriebenen „Räumen" aufhalte, besuche ich sie immer häufiger. Die aufgezeigten Techniken und Prozesse können die Fähigkeit fördern und unterstützen, in der Gegenwart zu bleiben ... wirklich hier und jetzt zu sein. Wir alle besitzen bereits die Fähigkeit, in der Gegenwart zu sein, und mit der Methode der FACTICITY können wir diese weiter erforschen und entwickeln.

Das „Hier" existiert. Es ist ein Ort außerhalb des Geistes. Wir können lernen, hierher zu gelangen, indem wir die Art *verändern*, uns mit unserem Geist *auf etwas zu beziehen*. Dieses Buch erklärt Ihnen, *wie* Sie genau das tun können.

Der Prozeß, den Sie nun kennenlernen werden, enthält keine Antworten – er enthält Methoden, mit denen wir wirksamer und direkter *die* Fähigkeiten untersuchen, die uns Dinge verstehen und akzeptieren lassen. Wenn wir das Leben so annehmen, wie es ist, und wenn wir begreifen, was wir selbst tun können, um in innerer und äußerer Harmonie zu leben, geschieht vielleicht dies: Eine Transformation des menschlichen Bewußtseins wird ausgelöst, die dringend nötig ist.

Weise Menschen haben angekündigt, daß die Zeit für einen Sinneswandel jetzt gekommen ist und daß *wir* die Menschen sind, die das erfahren können. Die Zeit vergeht, und es scheint so zu sein, daß wir diese Aufgabe annehmen sollten. FACTICITY ist also für eben die Menschen gedacht, die gar nicht anders können oder wollen, als die Herausforderung anzunehmen und einen neuen Weg zu bahnen.

Ihr Einverständnis ist erforderlich

Ragini Elizabeth Michaels nutzt (als erprobte Anwenderin und Trainerin des Neurolinguistischen Programmierens; siehe

Glossar *NLP*) Trancen (sie spricht dabei von Hypnosen im Ericksonschen Sinn). Diese sind allerdings entgegen negativ besetztem Sprachgebrauch alles andere als Manipulation; gemeint ist im NLP ein Zustand tiefer Entspannung, den man täglich immer wieder – meist unbewußt – einnimmt. Nutzt man diese Entspannung in psychischen Prozessen und auch im ganz „normalen Alltag", so kann man die eigenen Möglichkeiten sehr viel besser, weil ungehinderter nutzen. Bekannt sind Trancen in Deutschland oft durch die sogenannten Fantasiereisen. (Anm. d. Vlg.)

Im vorliegenden Buch sind Abschnitte mit assoziativer Trancesprache enthalten (diese sind in anderer Schrift gedruckt und leicht für Sie zu erkennen). Wenn Sie nicht wollen, daß Ihr Geist unbewußt direkt in diesen Prozeß einsteigt, können Sie diese Teile beim Lesen einfach überspringen. Wollen Sie FACTICITY auch *erfahren*, während Sie darüber lesen, werden Sie merken, daß gerade diese Abschnitte Ihr Unbewußtes direkt ansprechen und zur Beteiligung am Prozeß einladen.

Da Sie in diesen Texten auf einer sehr persönlichen Ebene angesprochen werden, lesen Sie in den Trancetexten das „Du"; die englische Sprache kennt nur das „you", so daß die Übersetzung ins Deutsche diesen Kunstgriff nötig macht und/oder erlaubt. (Anm. d. Vlg.)

Kapitel 1

Mit den Gegensätzen tanzen –
Der Kreis der Vollendung

… Die Gegenüberstellung von Dingen, die Sie mögen,
und solchen, die Sie nicht mögen, macht das Unbehagen
des Geistes aus …
(Sengsten, Dritter Zen-Patriarch)

Ich erinnere mich noch daran, daß ich in einem Park stand, umgeben von den Erscheinungen und den Gerüchen des Herbstes, und den kleinen Bachlauf beobachtete, den ich „Taumeln-der Bach" getauft hatte. Er floß sprudelnd und plätschernd an mir vorbei. Ich spürte die Erde unter meinen Füßen ganz unmittelbar, und ich erschauerte ein wenig ehrfurchtsvoll bei dem Gedanken, daß nie wieder ein Mensch im gleichen Augenblick auf dem gleichen Stück Erde stehen würde. Ich wußte genau, daß dieser Augenblick vorbei sein würde, wenn ich mich bewegte, daß er sich nie wiederholen ließ. Ich war dreizehn, als ich diese für mich geradezu magische Erfahrung machte.

Und ich erinnere mich, daß ich viele Monate später einfach dasaß und mich bewußt daran freute, wie der Winter auf geheimnisvolle Weise in den Frühling überging. Ich betrachtete die knospenden Rosen und fragte mich, wie sie angesichts der vielen Dornen an ihren Stielen so ruhig sein konnten. Das schien mir schon damals ein eigenartiger Gedanke zu sein. Viel später wurde mir klar, daß dieser Augenblick der Einsicht, daß Dornen und Rosen ruhig miteinander existieren, bereits eine aufkeimende Vorahnung meines zukünftigen Verständnisses vom Leben war.

Viele Jahre später saß ich wahrscheinlich zum hundertsten Mal mit einem Freund beim Frühstück, als dieser feststellte, wie oft sich vieles im Leben wiederhole. Angeregt durch diesen Kommentar begann ich, auf viele Dinge zu achten – wie die Sonne jeden Tag auf- und untergeht – wie die Flut zweimal täglich ansteigt und wieder zurückweicht – wie sich die Jahreszeiten verschieben und wie ein jedes Jahr in einem gleichen Prozeß Sommer, Herbst, Winter, Frühling hervorbringt – wie der Körper jeden Tag Nahrung und Schlaf braucht ... Mir wurde langsam klar, daß diese anscheinend unwichtigen Wiederholungen *Muster der Veränderung* aufzeigten, die mich wichtige Dinge über das Leben lehren konnten. Was Sie hier lesen, hat sich ergeben, indem ich diese Erfahrungen und dieser Muster genauer untersucht habe.

Bei FACTICITY geht es darum, bestimmte unbestreitbare und unveränderliche Muster des Lebens zu entdecken und herauszufinden, wie nützlich sie für uns sein können, so daß wir unser Leben mit mehr Freude, Liebe, Kreativität und Interesse erfahren.

Das grundlegendste Muster, das wir alle erleben, ist das der Veränderung – ein konstanter Fluß des Lebens, das sich beständig
wandelt und bewegt, das nie länger als einige Augenblicke sta-
tisch oder bewegungslos ist. Sogar die moderne Physik hat
erkannt, daß die anscheinend absolut feste Materie auf der mole-
kularen Ebene in ständiger Bewegung ist.

Außerhalb unseres Bewußtseins liegt ein anderes Grundmuster,
das *in* den Fluß der Veränderung *hinein*gewoben ist. Dieses
Muster wird „die natürliche Gegebenheit der Gegensätze"
genannt. In diesem Muster offenbart sich das Leben immer
wieder, indem es in einer bestimmten Ausdrucksform Gestalt
annimmt und dann diese Ausdrucksform – so erscheint es
zumindest dem menschlichen *Geist* – in das genaue Gegenteil
verändert: vom Tag zur Nacht, von naß zu trocken, von rechts
nach links, von heiß zu kalt …

**Die natürliche Anwesenheit der Gegensätze ist für unsere
Lebenserfahrung ein derart durchgängiges und grundlegen-
des Muster, daß wir häufig vollkommen übersehen, daß es
eine wichtige *Voraussetzung* für das Leben ist.**

In körperlicher, mentaler und emotionaler Hinsicht scheint die
Realität eine duale Natur zu haben. Wir alle erfahren Gutes und
Böses, Schönes und Häßliches, Glückliches und Trauriges, wir
erleben Höhen und Tiefen. Irgendwann fing ich an, mich zu fragen, ob dieses Vorhandensein von Gegensätzen (die „Dualität")
wirklich eine unveränderliche und unbestreitbare Realität des
Lebens sei. Und könnte ich einen Weg finden, um eine harmoni-
sche Beziehung zu dem Bewußtsein herzustellen, *daß* diese
beweglichen Gegensätze existieren, anstatt weiterhin die Dinge,

die ich mochte, den Dingen gegenüberzustellen, die ich *nicht* mochte? Könnte ich also den Kampf, in dem ich mich beständig befand, überwinden?

Das Schöne und das Biestige

Auf einer bestimmten Ebene unserer *Erfahrung* wissen wir alle, daß Gegensätze existieren, und wir machen immer wieder neue

Erfahrungen, die diese Erkenntnis stützen. Wenn Sie zum Beispiel diese Worte lesen, erkennen Sie die *schwarze* Schrift, weil der Untergrund *weiß* ist. Sie können den Fluß der Gegensätze auch bestätigend erfahren, wenn Sie darauf achten, wie Ihr Atem *ein-* und *aus*strömt und wie Ihr Bauch sich mit jedem Atemzyklus *auf-* und *ab*bewegt. Noch ein Beispiel: Vielleicht ist Ihnen bewußt, daß Ihre Augen ständig in Bewegung sind und daß sie *zwinkern* oder sich *schließen* müssen, damit sie *offen* bleiben und *fokussieren* können.

Wir haben alle unsere eigenen Gedanken und Überzeugungen, wie wir ein glückliches Leben führen können. Und bei fast allen Menschen gehört dazu eine grundsätzliche, unbewußte Überzeugung, daß wir die dunkle Seite unserer menschlichen Natur möglichst schnell loswerden müssen: *Wenn* wir nur die Schmerzen loswerden könnten, den Druck loswerden könnten, Streit und alles grundlegend Unangenehme loswerden könnten, dann ... *dann* werden wir beständiges Glück, dauerhaften Frieden oder immerwährende Liebe finden. Wir scheinen zu vergessen, daß der Frühling aus dem Winter entsteht und daß wir die Schönheit der Sterne angesichts der Dunkelheit der Nacht sehen können.

Auch wenn unsere Erfahrung beweist, daß diese Gedanken und Überzeugungen vielleicht nicht zutreffen, spiegeln unsere *Verhaltensweisen* dennoch häufig den Wunsch wider, alles Unangenehme zu vermeiden und das Angenehme festzuhalten. Was wir auch immer behaupten, wir wollen weiterhin Unangenehmes ausmerzen, den Schmerz wegschieben, die Schwierigkeiten zum Fenster hinauswerfen und überhaupt Unbehagen ein für alle Mal aus unserem Leben verbannen.

Viele von uns, die sich sehr um inneres Erwachen, persönliches Wachstum und spirituelle Entwicklung bemühen, berichten, daß *bewußte* Einsichten und Erkenntnisse nicht notwendigerweise zu mühelosen Veränderungen unseres Verhaltens führen oder unsere dunkle Seite „abschaffen“. Tatsächlich kann das Weiterbestehen der „unerwünschten“ Gedanken und Gefühle dazu führen, daß wir uns eher schlechter fühlen. Sie lassen uns Kommentare sagen wie: „Ich werde das nie schaffen.“ – „Ich bin offensichtlich nicht gut genug.“ – „Ich bin nicht stark genug.“ – „Ich bemühe mich wohl nicht genug.“ – „Ich lebe nicht genügend bewußt.“ – „Ich bin nichts wert.“

Hier erscheint es vernünftig, einzuhalten, eine Minute zu überlegen und zu fragen: „Kann ich durch meine Bemühungen, die Dunkelheit und das Unbehagen abzuschaffen, mein Leben ganz von diesen befreien? Ist mit mir etwas nicht in Ordnung, oder stimmt einfach meine Annahme nicht, daß dies der Weg zum Glück sei? Ist da noch etwas im Spiel, was mir nicht bewußt ist?“

Könnte es sein, daß wir durch die Art, wie wir gegenwärtig das gewünschte Ziel mit der Prämisse anstreben, *keinen* Schmerz zu erfahren, irgendwie vom Weg abkommen? Die Methoden, die wir in unserem bisherigen Leben gelernt haben, um eine Verbindung zu der dunklen Seite unserer menschlichen Natur herzustellen, führen uns im allgemeinen nicht zu den gewünschten Ergebnissen.

Egal wieviel Vergnügen und Glück wir uns erschaffen, die natürliche Gegebenheit der Veränderung sowie die stete Bewegung des Lebens von einer Position zu deren Gegenposition läßt das Unbehagen zurückkehren. Mit diesem Erleben ist häufig verbunden, daß wir uns unglücklich und frustriert fühlen. Die Schwierigkeit liegt nicht so sehr darin, *daß* es Gegensätze gibt, als vielmehr in der Art, *wie* wir zu diesen Gegensätzen stehen.

Unsere vorhandenen Überzeugungen setzen uns sehr enge Grenzen, denn wir meinen, beständig die Hälfte des Umstandes verleugnen zu müssen, ein menschliches Wesen zu sein.

Wir haben gelernt, uns aufzuteilen: in die gute Hälfte („Alles an mir, was nach Meinung anderer an mir akzeptabel und richtig ist, ist auf dieser Seite.") und in die andere Hälfte („Alles was ich nicht sein sollte, ist dort drüben."). Das läßt uns durchs Leben gehen, indem wir die gute Seite nach vorn zeigen und die schlechte Seite nach hinten halten. Wir kämpfen dabei beständig darum, entweder die schlechte Seite hinter uns zu verstecken, da wo sie hingehört, oder sie ganz und gar loszuwerden.

Die gute und die schlechte Seite

Dieser Ansatz ist nicht grundsätzlich falsch, aber er erschwert unsere Wanderung ziemlich – und die Chance, Anmut, Ungezwungenheit oder Leichtigkeit zu erleben, bleibt gering. Was aber wichtiger ist: Dieser Ansatz scheint nicht zu funktionieren. Die Realität der Veränderung erzwingt letztendlich den Tod *jeder* einzelnen Erfahrung – ob sie nun angenehm oder unangenehm ist. Ungeachtet unserer Anstrengungen, unsere gute Seite nach vorn zu zeigen, wird die Zeit kommen, in der die andere Seite aus dem Hintergrund hervortreten und in die vordere Position wechseln wird.

Sich selbst zu akzeptieren ist der Schlüssel für Heilung und für Gesundheit. Wenn wir uns das bewußt machen, erweist es sich eindeutig als nützlich, sowohl unsere „guten" wie unsere „schlechten", unsere „erwünschten" wie unsere „unerwünschten" Seiten zu akzeptieren. Wenn wir das mit dem *Verstand* erfaßt haben, können wir dennoch Verzweiflung *empfinden*, wenn Teile von uns, die wir nicht mögen, die Bühne für sich beanspruchen.

Diese Verzweiflung deckt auf, daß wir unbewußt nach wie vor überzeugt sind oder erwarten, daß die dunkle Seite unserer Natur und alle ihre Erscheinungen vielleicht irgendwann verschwinden könnten.

Mit FACTICITY untersuchen wir die folgende Hypothese: Wenn das *Unbewußte* einverstanden ist, daß wir unsere dunkle Seite und all ihre Erscheinungen akzeptieren, können wir uns völlig entspannen und uns im Einklang mit dem Leben bewegen. Wir können beispielsweise lernen, unseren Zorn so zu sehen, als sei ein starker Sturm hereingebrochen, der sich aus dem Nirgendwo erhoben hat oder der einfach dadurch entstanden ist, daß bestimmte, nicht übereinstimmende Muster zusammengetroffen sind. Oder der Zorn ließe sich mit dem notwendigen Ausbruch eines Vulkans vergleichen, der den in der Erde entstandenen Druck abbaut und das Gleichgewicht wiederherstellt. Mit einer in einem solchem Prozeß gewonnenen neuen Einsicht können wir den Zorn akzeptieren lernen. Wir können dafür sorgen, daß wir nicht von ihm zerrissen werden: Wir können ihn vorbeiziehen lassen und ... seine dunkle *Schönheit* genießen – und das, während wir uns entspannen und auf die Wiederkehr der Ruhe warten.

Sobald wir dieses Grundmuster des Lebensflusses verstehen, können wir lernen, zu entspannen und den Tanz der Gegensätze ohne Widerstand zuzulassen – einen Tanz, der sich immer wieder zu Kreisen der Vollendung schließt. Und mit diesem Wandel erreichen wir neue Ebenen der Wahrnehmung und neue Möglichkeiten, uns kreativ Ausdruck zu verleihen.

Das traditionelle Symbol für die Unendlichkeit vermittelt dieses Fließen:

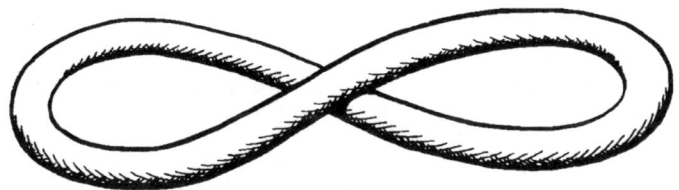

Die Unendlichkeit

Vielleicht hast Du noch nicht bemerkt, wie sich die Sonne einfach in die Dämmerung hineinsinken läßt und sich entspannt ...
wie der Tag seiner Helligkeit erlaubt, zu verschwinden ...
wie er die Einladung annimmt, im ruhigen, dunklen Schoß der Nacht zu ruhen ...
er erlaubt der Nacht, zu ihrer eigenen Zeit aufzutauchen ...
ihr eigenes Licht zu verbreiten ...
in der Schönheit der Sterne zu funkeln ...
zu tanzen in den herableuchtenden Strahlen des Mondes ...
und wenn die Nacht dagewesen ist, wird der Tag erfühlen ...
ob die Zeit gekommen ist, neu zu beginnen ...
langsam erwachend ...
und sich über den Himmel ausbreiten ...
mit einem farbigen Freudenfeuer ...
die Nacht erlaubt sich selbst, sich aufzulösen ...
ruht eine Weile verborgen ...
im Schatten und im Dunkel des Tages ...
und lädt einen Kreis der Vollendung ein, sich zu vollenden ...

während der Tanz der Gegensätze weitergeht ...
der Dich auffordert, mitzutanzen und zu lernen ...
zu entspannen ... jetzt ...
die Bewegung und den Rhythmus des Lebens entdecken ...
den Kreis der Vollendung wieder und wieder vollenden ...

Kapitel 2

Was ist Facticity?

... In der Veränderung finden die Dinge Ruhe.
Die Menschen verstehen nicht, wie etwas, was in sich selbst
abweichend ist, mit sich in Übereinstimmung sein kann ...
(Heraklit)

FACTICITY bietet die Gelegenheit, vorhandene Gegensätze als natürlich zu erkennen, und es ermöglicht eine Phase des Lernens, mit der scheinbar unveränderlichen und unbestreitbaren Realität auf neue Weise umzugehen.

Dieser Ansatz bietet keine sonderlich neue Alternative. Untersucht wird die Art und Weise, wie es das Leben – sowohl das Leben in uns als auch das außerhalb von uns – schafft, die anwesenden Gegensätze rhythmisch und harmonisch zuzulassen; es scheint mit ihnen zu tanzen.

Irgendwie schafft es die Natur, Veränderungen zu lassen, wie sie sind: Die Blätter geraten nicht in Aufregung, wenn es an der Zeit ist, die Farbe zu wechseln. Sie regen sich nicht auf, sie brüllen und schreien nicht, und sie verlangen auch nicht, daß sie eigentlich rot statt gelb sein sollten. Sie lassen die Veränderung einfach geschehen.

Dasselbe Gesetz wirkt bei den Gegensätzen in der Natur: Wenn die Zeit für die Nacht gekommen ist, bewegt sich die Sonne in den Schoß der Nacht und verschwindet allmählich; sie gesteht der Nacht ihre Zeit zu. Es geschieht kein Kampf und keine Anstrengung. Wir können am Himmel keinen Krieg beobachten zwischen einem Tag, der hell leuchtet und seinen Glanz wie verrückt aufblitzen läßt, und zwischen der Nacht, die heranschleicht, die Sonne erfaßt, angreift und zerstört. Eine derartige Dynamik existiert in der Natur nicht. Es geschieht in einer fließenden Bewegung von einer Erscheinungsform zu ihrem Gegenteil.

Der Tag und die Nacht

Wir können das auch bei der Flut erleben. Das Wasser wird durch die Anziehung der Sonne und des Mondes beeinflußt und beginnt sich auf die Küste zuzubewegen. Und siehe da: Es geschieht eine Verschiebung der Anziehung, und das Wasser fließt genau in die andere Richtung. Für den Ozean scheint es kein Problem zu sein, sein Wasser landeinwärts in Richtung Küste und dann wieder hinausfließen zu lassen. Diese Bewegung, die offensichtlich ganz natürlich ist, wird zugelassen, und der Ozean scheint sich darüber nicht zu erregen. Und auch das Watt gerät weder in Wut, wenn sich das Wasser zurückzieht, noch wird es nervös vor Sorgen, wenn die Flut steigt.

Im Leben erfahren wir in vielen Situationen die Anwesenheit von Gegensätzen. Sie existieren nebeneinander und ergänzen sich gegenseitig – nicht als Feinde, sondern als Freunde. Oft nehmen wir an, daß die niederen Dinge den höheren entgegenstehen oder weniger wert seien. Dabei vergessen wir, daß zum Beispiel die Wasserlilie oder die Lotusblume, die sich über das Wasser erhebt, ihre Wurzeln, die stark und fest im schlammigen Untergrund stecken, als Unterstützung für ihren Weg nach oben braucht. Die Wurzeln finden in den Blüten erst ihre Erfüllung, für sie suchen sie so unermüdlich die Nahrung von unten.

Die meisten von uns nehmen *unbewußt* an, daß das Gegenteil unserer guten Seite unser Feind ist. Niemand möchte häßlich oder hassenswert sein. Jeder möchte schön und liebevoll sein. Es gibt sogar ein altes Sprichwort, das diese Annahme benennt: „Gott mag die Häßlichen nicht." Überzeugungen wie diese durchdringen die Art, wie wir mit etwas oder mit jemanden in Beziehung treten.

Eine tiefgreifende Veränderung und Transformation hat nur dann eine Chance, wenn dem *Unbewußten* erlaubt wird, sein eigenes Wissen zu nutzen, denn es hat eine eigene Erfahrung davon, wie das Leben in seinen Muster abläuft.

Zunächst filtert das Unbewußte automatisch all die überflüssigen Wahrnehmungsreize aus, all das, was für unser derzeitiges Wohlbefinden unnötig ist. Wenn das nicht der Fall wäre, würden Sie – sogar während Sie gerade in diesem Buch lesen – gleichzeitig alle Empfindungen in Ihrem Körper wahrnehmen, alle äußeren Geräusche, alle Farben und Formen, Licht und Schatten um Sie herum, alle Gerüche und Düfte in der Luft, alle inneren Gedanken und Regungen. Sie würden von den sensorischen Eindrücken so überlastet, daß Sie nicht imstande wären, diese Worte zu lesen und ihre Bedeutung zu verstehen.

Dieser ganz natürliche Filter verschafft unserem Bewußtsein Ruhe und die Freiheit, auf das zu achten, was uns im Jetzt wichtig ist. Zusätzlich gibt es einen zweiten Filter, der anweist, *wie* die sensorischen Eindrücke sortiert und kategorisiert werden und wie auf sie zu reagieren ist. Dies ist ein biologischer Filter – er gehört zu der Schaffenseinheit von Geist und Körper, also zu dem Teil unserer internen „Hardware", der von Anfang an „installiert" ist. Von hier erhält unser Unbewußtes grundlegende Instruktionen darüber, in welcher Weise wir mit dem Leben und unseren Erfahrungen in Verbindung treten können.

Dieser Filter enthält eine sehr wichtige Richtlinie, die unsere ganze Lebenserfahrung bestimmt: Sie wird Richtungsfilter genannt, und sie sagt uns, wie wir uns angesichts der unveränderlichen und unbestreitbaren Realität der Gegensätze verhalten sollen. Dieser Richtungsfilter dirigiert uns entweder zu einer Erfahrung hin (im allgemeinen hin zu etwas Positivem) oder von einer Erfahrung weg (im allgemeinen von etwas Negativem).

Richtungsfilter

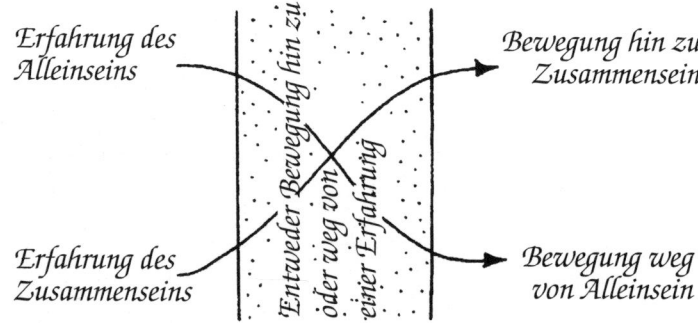

Der Richtungsfilter

Diese Anweisung, sich auf etwas zu oder von etwas weg zu bewegen, kann nicht gelöscht oder zerstört werden. Sie wurzelt offensichtlich in unserer Biologie und ist notwendig. Um als Mensch zu überleben und die eigene Art fortzupflanzen, ist es wichtig, daß wir weiterhin von angenehmen Dingen angezogen werden und Schmerz meiden. Wie dem auch sei, im Hinblick auf psychologisches Überleben funktioniert dies jedoch nicht so einfach, und ein Handeln nach diesen Maximen führt eben *nicht* zu erwünschten Ergebnissen wie Glück und geistige Gesundheit.

Auf der psychologischen Ebene führt der Richtungsfilter einerseits zu Verhaltensweisen, mit denen versucht wird, an dem festzuhalten, was als gut, angenehm und richtig gewertet wird. Andererseits kommt es zu Verhaltensweisen, mit denen man zu meiden versucht, was als schlecht, unangenehm oder falsch angesehen ist. Es ist wichtig, den zugrundeliegenden, quasi biologischen Wegweiser nicht außer acht zu lassen, denn sein Einfluß betrifft jeden einzelnen Gedanken, jedes Wort und jede Tat eines Menschen.

Der Richtungsfilter ist eine überaus wichtige, unbewußte Verhaltensanweisung; sie entscheidet darüber, inwieweit wir als Menschen über die psychologische Fähigkeit verfügen, „im Jetzt zu leben" und uns „im inneren Fluß zu bewegen".

Wenn man nun die Wirkung des Richtungsfilters und die unbestreitbare Realität der Veränderung und der Gegensätze kennengelernt hat – also all das, was so ist, wie es ist –, leuchtet folgendes ein: Dauerndes Glück und Wohlbefinden, zumindest das, *was der Geist für solches hält*, sind nicht möglich. „Was ist" verändert sich laufend und verwandelt sich darüber hinaus oft in das Gegenteil dessen, was vorher war: Liebe in Haß, Mitgefühl in Wut, Freundschaft in Feindschaft, Vergnügen in Schmerz, Leben geht in den Tod über.

Für den Geist besteht auf der unbewußten Ebene weder die Möglichkeit, die offensichtliche Realität von Gegensätzen als wesentlichen Teil des Lebens zu akzeptieren, noch sich auf sie einzulassen – und zwar als das grundlegendste Muster des Lebens, das wir jederzeit erfahren.

Wir arbeiten statt dessen unbewußt daran, die eine Hälfte dessen loszuwerden, was wir erfahren und für wen wir uns halten, während wir die andere Hälfte stützen und als dauerhaft werten.

Mit FACTICITY arbeiten wir mit diesem Richtungsfilter, damit wir neue Möglichkeiten erhalten, mit der unveränderlichen und unbestreitbaren Realität der Gegensätze umzugehen. Wir werden diesen Filter einsetzen, um unsere Wahrnehmungen von einem entweder/oder-Standpunkt weg hin zu einer anderen Sichtweise zu verschieben: Beide Enden eines zusammenhängenden Ganzen sind notwendig und nützlich – sowohl das Traurig- als auch das Glücklichsein, sowohl oben als auch unten sein, sowohl schön als auch häßlich sein …

Wir können unseren Streß reduzieren, indem wir uns auf die Gegenwart einlassen und indem wir zulassen, Dinge zu akzeptieren, die sich nicht ändern können.

Dein Unbewußtes kann lernen …
und dadurch eine Veränderung ermöglichen …
die Ausdehnung einer Erkenntnis …
eine neue Assoziation von Erfahrungen …
die vorher noch nicht da war …
und Dein Unbewußtes kann alle jene Erfahrungen ordnen …
die Deine Erfahrungen sind …

es kann zulassen ...
daß Du sehend wirst und Dich erinnerst ...
an all die Situationen, in denen die Gegensätze des Lebens
zusammenwirken ...
wie ein Ganzes ...
ein Kreis, der einen Anfang hat ...
und wo es einen Anfang gibt ...
da muß es auch ein Ende geben ...
und in dem Kreis ...
kannst Du den Anfang finden ...
kannst Du das Ende finden ...
während der Kreis sich dreht ...
und die Gegensätze ein Ganzes schaffen ...
siehst Du den Kreis der Vollendung? ...

Die Methode der FACTICITY hilft uns, die äußerlich erfahrbaren Gegensätze wahrzunehmen und so zu lernen, mit der inneren Erfahrung der Gegensätze anders umgehen zu können. Das Leben zeigt uns immer wieder, wie sich Gegensätze entspannen, selbst wenn auch ihr Gegenpol da ist – wie sie miteinander wirken – wie sie füreinander unentbehrlich sind – wie einer den anderen hervorbringt. Immer wieder ist das gleiche Fließen zu beobachten und erfahrbar. Je mehr wir *das* sehen und hören und fühlen, desto eher ist das Unbewußte bereit, *diese* Erfahrung als Wegweiser für neue Verhaltensweisen zu nutzen.

Je mehr wir uns der real existierenden Gegensätze bewußt werden sowie der Tatsache, daß sich die Gegensätze ergänzen, um so mehr können wir uns ohne Kampf auf unsere menschliche Natur einlassen.

Indem wir uns der Gegensätzlichkeiten bewußter werden, erkennen wir auch zunehmend die paradoxe Seite des Lebens. Der Richtungsfilter, der unsere Erfahrungen nach pro oder contra sortiert, läßt es uns von der Logik her unmöglich erscheinen, das Leben als gleichzeitig hell und dunkel, als vergnüglich und als schmerzlich ... zu akzeptieren.

Die Erfahrung von Gegensätzen *durch den Geist* ist möglich, und sie wird paradox, sobald der Geist erkennt, daß Gegensätze einander mehr ergänzen als daß sie gegeneinander stehen. Glücklicherweise kann das Unbewußte umlernen. Indem es neue Muster erfährt, kann es sich auf das Paradoxe einlassen und mit der Gewißheit entspannen, daß beständiger Wandel und unaufhörliche Bewegung der natürliche Fluß der Lebenserfahrung sind.

Es kann vorkommen, daß Gegensätze gleichzeitig auftreten oder sich rhythmisch abwechseln. Beispielsweise gibt es in einem Muskel einzelne Muskelfasern, die sich entspannen, und andere, die sich zusammenziehen. Diese Fähigkeit der Muskelfasern macht die Muskelbewegungen möglich. Die meisten Fasern sind entspannt, aber die Bewegung geschieht durch leichte Kontraktion einer bestimmten Anzahl von Fasern. Gegensätze treten auch gleichzeitig auf; das können wir bei einem Vogel beobachten, der auf einem Ast sitzt und singt. Er hält sich fest, und gleichzeitig schwingt er mit, wenn der Ast sich unter seinem Gewicht oder durch einen Windhauch bewegt. Beides geschieht zur gleichen Zeit.

Ob jedoch Energie von einem Extrem zu ihrem Gegenpol fließt oder ob sie beide Zustandsformen gleichzeitig einnimmt, es gibt immer eine Schwelle, an der Energie von einer Zustandsform in eine andere wechselt.

Sobald ein Fluß vorhanden ist, gibt es auch eine Stelle, an der Gleichgewicht zu finden ist. Es gibt einen Mittelpunkt, an dem ein Mensch zur Ruhe kommen kann, an dem er sich damit befaßt, das Gleichgewicht wiederherzustellen. Und währenddessen kann er den Fluß ohne Unbehagen oder Mißvergnügen geschehen lassen.

*J*etzt kann Dein Unbewußtes anfangen, sich
vorzubereiten ...
voller Liebe und Anerkennung die Hände zu reichen ...
angefüllt mit dem riesigen Vorrat Deiner Erfahrungen ...
die Du bisher nicht berücksichtigen konntest ...
jetzt sind sie Dir wichtig ...
es kann zulassen, daß Du einen völlig neuen Weg
einschlägst ...

in Beziehung zu treten...
und Du selbst wirst Deine Beziehungen gestalten ...
sobald dieser Mittelpunkt erscheint ...
immer klarer ...
solide und fest ...
in Harmonie und im Rhythmus jedes Schrittes ...
Wohlgefühl und Vergnügen zulassen ...
so wie der Fluß geschieht ...
und Du ruhst in diesem Mittelpunkt ...
erlaubst dem Gleichgewicht, zu entstehen ...
Du gibst den Tanz frei ...
und läßt den Kreis der Vollendung vollenden ...
wieder und wieder ...

Kapitel 3

Wie funktioniert Facticity?

... Gott ist Tag und Nacht, Winter und Sommer,
Krieg und Frieden, Sattheit und Mangel ...
(Heraklit)

Menschen sind unglaublich kreativ im Umgang mit Problemen. Die Wurzel aller Schwierigkeiten jedoch scheint unsere *Beziehung* zu bestimmten unveränderlichen und unbestreitbaren Gegebenheiten des Lebens zu sein. Solange wir nicht akzeptieren können, daß Dinge, die wir als gegensätzlich betrachten – wie zum Beispiel hell und dunkel, Liebe und Haß, Distanz und Nähe – so eng miteinander verbunden sind wie unser Ein- und Ausatmen, werden wir weiterhin viele Lebenserfahrungen als nicht akzeptabel betrachten. Das Leben braucht offensichtlich beide Extreme, damit es sein kann, was es ist.

Nach dem englischsprachigen Wörterbuch von Webster bezieht sich FACTICITY auf alle unbestreitbaren und unveränderlichen Tatsachen innerhalb von Raum und Zeit, zum Beispiel auch auf das Zusammenwirken von Geist und Körper. Und noch wichtiger ist, daß eine FACTICITY etwas ist, das wir mit unserer eigenen

35

Erfahrung nachprüfen können. Im FACTICITY-Prozeß ziehen wir unser *bisher nicht berücksichtigtes Erfahrungswissen* heran und fangen an, es auf eine neue Weise zu nutzen.

Das Vorhandensein von Gegensätzen, die dauernde Veränderung, die Unvermeidbarkeit des Todes, Anspannung und Schmerz sowie das Paradoxon, sich allein zu fühlen und gleichzeitig mit jemandem verbunden zu sein, alle diese unbestreitbaren Realitäten bilden die Wurzel unserer Unzufriedenheit mit der Erfahrung, Mensch zu sein.

Nach mehreren Jahren Lebenserfahrung werden nur wenige Menschen das Vorhandensein dieser gegebenen Gegensätze bestreiten. Die meisten unserer *Verhaltensweisen* lassen jedoch darauf schließen, daß wir nicht wahrhaben und nicht akzeptieren wollen, was wir durch unsere Lebenserfahrung wissen. Wie oft bestehen wir darauf, nach Sicherheit zu streben, und vergessen dabei, daß Veränderung das einzige ist, was ganz sicher andauert? Wie oft stellen wir fest, daß wir uns an das reine Vergnügen eines schönen Augenblicks klammern, um dem unvermeidlichen Moment auszuweichen, wenn wir ihn gehenlassen müssen?

Wir verleugnen unser eigenes Erfahrungswissen, weil auf der *unbewußten* Ebene bestimmte Vorannahmen und Vermutungen gültig sind. Das Vorhandensein dieser *unbewußten* Vorannahmen, Vermutungen und Glaubenssätze hindert uns daran, in Übereinstimmung mit dem zu leben, was wir bereits vom Leben gelernt haben.

Das Unbewußte ist für unser Verhalten zuständig, und ohne seine Zustimmung findet keine Veränderung statt.

Egal wieviel wir bewußt verstehen, es ist die Aufgabe des Unbewußten, unsere gesamte Person und unser Wohlbefinden als vollständige, funktionierende Einheit zu schützen. Ob wir ein bestimmtes Verhalten verändern wollen oder ob wir nach der grundlegenden Erfahrung streben, jeden Augenblick bewußt zu leben, das Unbewußte muß unbedingt überzeugt sein, daß dies der geeignete Weg ist.

Das Unbewußte muß jedoch auf ganz andere Weise überzeugt werden als das Bewußtsein, und FACTICITY widmet sich diesem Teil des Prozesses. Die unbewußte Ebene des komplizierten Geistes reagiert bei modernen Menschen nach wie vor auf Geschichten; das ist bei ihnen gleich wie bei den sogenannten primitiven Kulturen. Befindet sich der Zuhörer in einem veränderten Bewußtseinszustand und verbindet der Erzähler die Sprache bewußt und kunstvoll so, daß beide Ebenen des Geistes (das einfache Unbewußte und das komplizierte Bewußtsein) befriedigt werden, können wirkungsvolle Veränderungen stattfinden (siehe Literaturverzeichnis: Michaels *Lions In Wait*).

Das Neurolinguistische Programmieren (NLP; siehe Glossar) und die Ericksonsche Hypnose (siehe Glossar) gehören zu den modernsten und fortgeschrittensten Techniken für die Arbeit mit dem subjektiven Geist. Mit FACTICITY gebrauchen wir diese Methoden, um das Unbewußte nach folgenden Gesichtspunkten umzuerziehen:

1. Der Mensch besitzt sein eigenes, bisher nicht beachtetes Erfahrungswissen (speziell im Hinblick auf Veränderungen und Gegensätze).
2. Er besitzt die Fähigkeiten, um neu mit diesem Erfahrungsschatz in Beziehung zu treten.

Wenn wir angenehme veränderte Bewußtseinszustände her-
beiführen, können wir dem Unbewußten Freiräume geben, in
denen es erkennen, neu ordnen und neu verbinden kann, was es
über das Leben weiß: wie sich das Leben bewegt und in Wieder-
holungsmustern fließt, und insbesondere, wie es im Muster der
Gegensätze fließt.

Und wenn Du nun fortfährst und diese Worte liest ...
und Dich entspannst, wie es Dir gut tut ...
dann kann Dein Unbewußtes ... jetzt ...
fortfahren mit der Suche ...
entdecken, wie einfach zwei Dinge, die so gegensätzlich
scheinen ...
tatsächlich zusammenwirken können ...
weil hinter jeder Oberfläche eine Tiefe ist ...
auch wenn das Unbewußte an einer bestimmten Ober-
fläche arbeitet ...
und diese Tiefe Deines Unbewußten ...
kann anfangen, diese Worte aufzunehmen ...
die für Dich eine Bedeutung haben und wichtig sind ...
und kann sich jetzt wieder erinnern ...
wie zwei Dinge, die anscheinend gegensätzlich sind ...
in Wirklichkeit zusammenarbeiten ...

FACTICITY benutzt NLP-Techniken, um an den alten Glaubenssätzen und Werten zu arbeiten, die das Vorhandensein von Gegensätzen bestreiten. Diese Arbeit ergänzt das gegenwärtige NLP-Modell insofern, als hier die *Bewußtheit* für die existierenden Gegensätze bei jeder geplanten Veränderung eingebaut wird (sofern das angemessen ist). Für Einzelaspekte der Gegensätzlichkeiten, die durch die alten Regeln oder die alte Einstellung unbewußt geleugnet wurden, wird ein neuer Wert gefunden, so daß sie als Gesamtheit akzeptiert werden können.

Wir gewinnen ein bestimmtes Maß an Weisheit und tieferem Verständnis, wenn wir allmählich erkennen, was wir bereits wissen. Die Erkenntnis, daß das Licht eines Sterns erst sichtbar wird, wenn die Sonne vom Himmel verschwunden ist, könnte bewirken, daß wir unsere eigenen Erfahrungen von Licht und Dunkelheit in einem anderen Licht sehen. Wenn wir unser vorhandenes, *bisher nicht berücksichtigtes* Erfahrungswissen nutzen, kann das Unbewußte neue Wege finden, um in Verbindung zu treten mit dieser Ebene der Realität (in der Geist und Körper zusammenwirken), wie sie wirklich ist. Sie kann dann aufhören, sie wahrzunehmen, wie sie sein „sollte".

Indem wir so frei werden, die grundlegenden Gegensätze des Lebens zu akzeptieren, läßt sich der Zustand geistiger Gesundheit erreichen. Es besteht dann real die Möglichkeit, daß wir unser Leben so gestalten, wie wir es leben wollen.

Wenn wir uns der Gegensätze oder der Dualität bewußt werden und zu ihnen eine akzeptierende und entspannte Haltung einnehmen können, kann *das* aus unserer Erfahrung verschwinden, was wir Leiden nennen. Wahrscheinlich werden Schmerzen und

Unangenehmes immer Bestandteil der menschlichen Erfahrung sein, aber Leiden – als der Schmerz aufgrund von Schmerzen – kann überflüssig werden. Zudem erweitern wir die Fähigkeit, die Schwäche wie auch die Stärke der Menschen zu akzeptieren. Wir können nicht beobachten, daß eine Rose leidet, weil sie in ihrer Zartheit und Verletzlichkeit den Winden und den Stürmen ausgesetzt ist. Sie lebt einfach und öffnet sich. Und sie vertraut dabei auf ihre Stärke, auf diese natürlichen Vorgänge so gut wie möglich zu reagieren, wobei sie sich vielleicht sogar auf den Tanz ihres Duftes mit dem Wind freut.

Eine Rosenblüte

Wenn wir verstehen, wie der Geist arbeitet, verstehen wir anscheinend auch leichter den Sinn von Meditation – ihren Wert und ihren Zweck. Deshalb gehört zu FACTICITY auch die Arbeit mit inhaltsfreier Meditation. Dies sind Techniken, mit denen Bewußtheit durch Wahrnehmen und Beobachten erreicht werden soll. Das geschieht durch die Erfahrung der *bloßen Aufmerksamkeit* für die eigene sinnliche Wahrnehmung – ohne Beurteilung oder Bewertung. (In der Sprache des NLP hieße das, im Hier und Jetzt die Aufmerksamkeit von sich weg nach außen zu richten.)

Die NLP-Technik der Submodalitäten (siehe Glossar) bildet eine natürliche Brücke für die Bewegung aus dem Geist heraus in den Bereich der Sinne hinein; es findet also eine mentale Aktivität statt. Die Sinne sind der wirklichen Lebenserfahrung einen Schritt näher als der Geist, der nur *über* das Leben nachdenken kann. Wenn wir in unseren Sinnen leben, fällt es uns leichter, den Gleichgewichtspunkt zu finden, von dem aus wir jenseits des Geistes und jenseits des Körpers treten können und von denen aus wir in den Bereich gelangen, der gemeinhin als spirituell, als Nicht-Geist, Samadhi, Satori, Christbewußtsein, Nirwana, als Leere bezeichnet wird. Obwohl FACTICITY einen neuen Zugang zu geistiger Gesundheit dadurch eröffnet, daß es die Gegensätze auf der *unbewußten* Ebene des Geistes bewußt macht, hat FACTICITY seine Wurzeln und seinen Ursprung in den Studien der großen Weisen und in deren Antwortmustern. Was auch immer die eigene Abenteuerreise aufdeckt, sie soll die Entwicklung des menschlichen Bewußtseins und das Vorhandensein eines nicht urteilenden (wahlfreien) Bewußtseins beschleunigen.

Und manchmal kann sich ein Mensch erinnern ...
an diese Kinderspiele auf dem Spielplatz ...
an das Vergnügen beim Schaukeln auf den Wippen ...
an die Erregung beim Schwung nach oben ...
und das Erstaunen, wenn man zu hart auf dem Boden
ankommt ...
und wie lange braucht ein Kind, bis es lernt ...
daß es auf der Wippe einen Punkt in der Mitte gibt ...
der sie auf und ab bewegt ...
und es erkennt, daß dieser Mittelpunkt ...
sich nicht verändert, wenn der Balken seine Lage
verändert ...
und weiter an einem Ende nach oben schwingt ...
während sich das andere dem Boden nähert ...
und ein Kind kann lernen ...
sich auf die Mitte dieses Balkens hinzubewegen ...
und dabei auf seinem Platz zu bleiben, indem es
nachgibt ...
und seinen Körper mit der Bewegung nach oben mitgehen
läßt ...
und nach unten ... ganz leicht jetzt ...

Kapitel 4

Nicht berücksichtigte Erfahrungen – Betrügen wir uns selbst?

… Die Menschen vergessen und übersehen das, was
sich um sie herum abspielt – in ihren wachen
Momenten ebenso wie im Schlaf …
(Heraklit)

Wir alle besitzen vielerlei Erfahrungen, die unsere Glaubenssätze und Erwartungen bestätigen. Das schließt jedoch nicht aus, daß wir über andere Erfahrungen verfügen, die wir einfach *nicht* anerkennen oder bei denen wir gar nicht merken, daß es unsere eigenen sind.

Wenn ich glaube, daß ich nicht liebenswert bin, weil ich ohne Partner lebe, denke ich wahrscheinlich gar nicht an jene Erfahrungen, in denen ich ganz offensichtlich von anderen Menschen geliebt und gemocht wurde. Diese Erfahrung habe ich dann zwar gemacht, aber ich erkenne sie nicht an.

Bereits mit der Geburt nehmen wir verbale wie auch nonverbale Botschaften und Mitteilungen auf, die unsere Art prägen, wie wir unsere Erfahrungen auswerten. So wie das Unbewußte unnötige sensorische Reize automatisch wegfiltert, beginnt es auch, solche Erfahrungen auszusondern, von denen wir lernen, daß wir sie besser nicht kennen sollten.

Unsere Fähigkeiten zu fantasieren, zu träumen und kreativ zu sein, werden bereits in diesem frühen Stadium gedämpft. Uns werden Ideale und Glaubenssätze vermittelt, die wir mit der Zeit als natürlichen Bestandteil der Realität nehmen. Ein Beispiel für dieses „angelernte Nichtwissen" ist die Vorstellung, daß es nur *einen* Weg gibt, einen Garten anzulegen, und zwar in parallelen Reihen. Diese Art des Lernens filtert unsere natürlichen Fähigkeiten, kreativ wahrzunehmen. In unserem Beispiel entfällt die Fähigkeit zu erkennen, daß es viele Arten gibt, einen Garten anzulegen, zum Beispiel in Kreisen, in der Form von Rauten, in Form von Achten oder oval. Mit der Zeit denken wir gar nicht mehr daran, daß es andere Möglichkeiten geben könnte.

*U*nd wenn Du es weiterhin zuläßt, daß diese Worte ...
für Dich genau die richtige Bedeutung annehmen ...
dann kann Dein Unbewußtes jetzt ...
loslassen und entspannen ...
und es kann wissen, daß ein Kind viele Dinge lernt ...
und vielleicht dauert es viele Jahre, bis man sich
erinnert ...

daß ohne den Hintergrund der dunklen Tafel ...
die vielleicht schwarz war oder auch grün ...
die weißen Buchstaben nie zu sehen gewesen wären ...
sie wären verschwunden und unbekannt blieben ...
so wie die Wurzel von etwas so Schönem wie der
Wasserlilie ...
die einfach ihre Blütenblätter zur Sonne hin öffnet ...
um ihren Duft mit dem Wind zu verteilen ...
die Wurzeln dieser Blume werden tief im glitschigen
Schlamm gebraucht...
damit sich diese wunderbare Blüte erheben kann ...
und hochsteigen kann aus dem schlammigen Boden ...
sie wird zu der wunderschönen Blüte, die sie sein soll ...
und ist das nicht eine erfreuliche Erkenntnis? ...

Mit FACTICITY werden wir uns bewußt, daß wir bisher nicht darauf achten, welch ein umfassendes Erfahrungswissen wir bereits über das Leben haben. **Wir achten gewöhnlich nicht auf dieses Wissen, da wir es nicht als wichtig oder nützlich erkennen.**

Jeder Mensch hat einen riesigen Schatz an Erfahrungen, aus dem er die Einsicht stützen kann, daß sich alles verändert. Und wir alle besitzen umfangreiche Erfahrungen, die belegen, daß Gegensätze existieren und daß sie abwechselnd in bestimmten Mustern erscheinen. Also gilt es in einem ersten Schritt, diese nicht berücksichtigten Informationen zu erkennen, wertzuschätzen und dann auch zu nutzen – sofern sie durch unsere Erfahrungen bestätigt werden.

Wenn ich mich nicht geliebt fühle und mich darüber bei meiner Mutter beklage, die daraufhin sagt: „*Ich* liebe dich", würde ich fast immer antworten: „Ja schon, aber du bist ja meine Mutter." Das ist ein Beispiel dafür, daß eine vorhandene Erfahrung nicht berücksichtigt wird. Wenn ich mir in meinem Privatleben mehr Selbstvertrauen wünsche und mich ein Freund erinnert, wieviel Selbstvertrauen ich im Beruf besitze, dann würde ich meistens antworten, daß das etwas ganz anderes sei. So werden bestehende Erfahrungen für unwichtig erklärt.

Wenn Gegensätze wirklich natürliche Bestandteile des Lebens sind, so muß das durch eigene Erfahrung bestätigt werden können – es muß als allgemeine Tatsache erfahrbar sein. Wenn wir unsere ausgeschlossenen Erfahrungen wiederbeleben – also die, die nicht nur das Vorhandensein der Gegensätze zeigen, sondern auch erfahrbar machen, wie diese Gegensätze harmonischer zusammenwirken – und ihren Wert erkennen, nimmt das Unbewußte allmählich neue Informationen auf, die vorher als unwichtig eingestuft worden wären.

Dieses Sammeln von nicht berücksichtigtem Erfahrungswissen geschieht am besten in einem angenehmen entspannten Bewußtseinszustand (siehe Glossar *Trance* und *Ericksonsche Hypnose*).

In einem solchen Zustand ist das Unbewußte eher bereit, nach diesen Erfahrungen zu suchen und sie später auf neue Weise zu nutzen.

Wenn Sie zum Beispiel über den Wechsel der Jahreszeiten lesen oder von ihm hören, dann mag Sie das nicht besonders berühren. In einem entspannten Bewußtseinszustand kann sich das Unbewußte eingeladen fühlen, dem umfassende Aufmerksamkeit zu widmen, was gesagt wird. In dieser Einladung liegt die Möglichkeit, zu einem neuen Verständnis zu gelangen. In unserem Beispiel entsteht vielleicht ein neues Bewußtsein dafür, wie die Jahreszeiten zusammenwirken, so daß Sie das verstehen können als Teil eines vollständigen Kreislaufes, in dem selbst Leben und Tod harmonisch zusammengehören. Oder abhängig vom Gesagten könnten die dunklen, kalten Monate des Winters als eine Zeit betrachtet werden, die genutzt werden kann, um das, was gestorben ist, zu etwas Neuem zu transformieren.

Wenn mit Hilfe von Trancen oder ähnlichen entspannten Zuständen entsprechende Erfahrungen gemacht werden, geschieht folgendes: Das unbestreitbare Vorhandensein von Gegensätzen und ihre ergänzende Wirkung von den beteiligten Gegensatzpolen wird entdeckt. Und das Unbewußte beginnt das, was es gelernt und erfahren hat, neu zu organisieren und neu zu verbinden. Die alten Glaubenssätze und Werte, die nun nicht mehr gewünscht oder gebraucht werden, beginnen zu bröckeln und fallen weg − besonders wenn wir gleichzeitig mit NLP (siehe Glossar) daran arbeiten, ihre Repräsentation im Gehirn zu entwurzeln:

Wenn Sie in Ihrem Garten einen Baum haben, der Ihnen dort nicht mehr gefällt und den Sie weghaben wollen, dann schneiden

Sie nicht nur die Zweige zurück. Sie wissen aus Erfahrung, daß Zurückschneiden dazu führt, daß der Baum mehr Saft in seine Zweige schickt und der Baum im nächsten Jahr größer wird. Wenn Sie den Baum ganz loswerden wollen, müssen Sie ihn am besten mit den Wurzeln entfernen.

Haben Sie das getan, befindet sich in Ihrem Garten ein tiefes Loch – und das stört nicht nur Ihren Sinn für Ästhetik, es könnte auch gefährlich sein. Sie selbst, ein Nachbar oder ein kleines Kind könnte in das Loch fallen und verletzt werden. Also werden Sie wahrscheinlich wieder etwas in das Loch pflanzen, und das wird dann der Baum oder die Pflanze Ihrer Wahl sein.

Der Baum der Erfahrung
und der Baum der Glaubenssätze

Mit FACTICITY können wir die bestehenden Glaubenssätze und Werte, die wir nicht länger für geeignet halten, sanft entwurzeln und durch unser eigenes, bisher nicht berücksichtigtes Erfahrungswissen ersetzen. Richard Bandler, Robert Dilts und andere NLP-Anwender haben ein Arbeitsprogramm geschaffen, daß die Veränderung von Glaubenssätzen zum Ziel hat. Mit FACTICITY benutzen wir diese Methoden, um über die Glaubenssätze hinaus zu einem Erfahrungswissen zu gelangen, das einen vernünftigen, ausgeglichenen und gangbaren Weg hin zu geistiger Gesundheit und einem glücklicheren Leben eröffnet.

*U*nd Dein Unbewußtes kann lernen ...
von Deiner Erfahrung ...
mit den Bäumen und dem Wind ...
von Deiner Erfahrung mit diesem Himmel ...
grenzenlos und weit hinter den Wolken ...
und es kann Dir Deine Erfahrung erlauben ...
so wie die Natur dem Winter seine Kälte erlaubt ...
die so rauh und frostig ist ...
und sich wandeln darf ...
in die warme, heiße Sommersonne ...
die dennoch in sich bereits die Samen ...
für eine weitere winterliche Unzufriedenheit trägt ...
und Dein Unbewußtes ...

kann aus diesem Wunder des Lebens schöpfen ...
und es kann jetzt damit fortfahren ...
und das aufdecken ...
was man Dir beigebracht hat, nicht zu kennen ...
es geht um Dich ...
und um diese wundervolle Fähigkeit, fließen zu können ...

Da die meisten Glaubenssätze und Wertvorstellungen darauf gründen, daß die Gegensätze nicht wahrgenommen und nicht akzeptiert werden, kommen massive Veränderungen zustande, sobald dieser langfristig nicht zu verleugnende Bereich der Erfahrung zugelassen und sein Wert erkannt wird. Diese Erfahrungen tragen zur Entstehung neuer Richtlinien für ein glücklicheres und kreativeres Leben bei.

Ein einfaches Modell für den Prozeß, durch den Wahrnehmung zum Handeln wird, sieht wie folgt aus:

Glaubenssätze & Vermutungen	Natürlich gegebene Gegensätze & Vermutungen
↓	↓
Wünsche & Erwartungen	Wünsche & Erwartungen
↓	↓
(-) Gefühle (+)	(-) Gefühle (+)
↓	↓
Tatsächliche Ausführung	Tatsächliche Ausführung

Mit FACTICITY arbeiten wir so, daß wir nur *einen* Teil des Modells direkt verändern – wir verschieben die Grundlage der Reaktionen von „Glaubenssätzen und Vermutungen" hin zu „Natürlich gegebenen Gegensätzen und Vermutungen", oder aber wir verschieben die Erfahrung aufgrund von Glaubenssätzen hin zu der tatsächlichen Ausführung, die zu unserem Erfahrungswissen beiträgt. Da wir auf dieser hohen (oder tiefen) Ebene des Modells arbeiten, werden sich die Effekte nach unten fortsetzen (oder nach oben transportieren) – es wird ein Umwandlungs*prozeß* gelernt, der weitere Verschiebungen automatisch ablaufen lassen wird (siehe dazu Kapitel 18).

Wenn wir wissen wollen, *wie* wir zu einem Leben ohne Leiden gelangen können, helfen uns viele zunächst übersehene, bereits vorhandene eigene Erfahrungen, das *Wie* zu finden. Unser nicht berücksichtigtes Erfahrungswissen ist ein riesiges Reservoir verborgener Ressourcen (siehe Glossar), die nur darauf warten, von unserer Aufmerksamkeit aufgegriffen zu werden.

Kapitel 5

Das Facticity-Modell für geistige Gesundheit

... Der kreative Akt ist Glück,
der Widerstand nie endender Schmerz ...
(Franklin Merrell-Wolff in: *The Philosophy of
Consciousness Without An Object*)

Wie bei der Gartenarbeit wird man bei einem Geist, der mit Gedanken zugewachsen ist, alles entfernen, was nicht mehr gebraucht wird, *und* man wird es samt Wurzeln entfernen. Bei FACTICITY bearbeiten wir das grundlegende *unbewußte* Muster, das die Wurzel der meisten Lebensprobleme darstellt – das Muster, daß wir eine Seite unserer Natur als wünschenswert und die andere Seite als etwas betrachten, was gemieden, geleugnet oder zerstört werden muß.

Wenn das *Unbewußte* versteht, daß es ein Vorteil für das Individuum ist, wenn *beide* Seiten der menschlichen Natur als akzeptabel und als *„das, was ist"* betrachtet werden, dann kommt auch Bewegung in alle anderen Probleme, die in dieser grundlegend verzerrten Wahrnehmung wurzeln. Zusätzlich werden die geistigen Energien frei, die dafür benutzt wurden, die endlosen inneren Schlachten zwischen dem, was wir mögen, und dem, was wir nicht mögen, auszufechten. Diese Energie kann für die höchste Form menschlicher Intelligenz, die ich kenne – die kreative Reaktion auf das Jetzt – benutzt werden.

Von der bisherigen Arbeit mit FACTICITY berichten Teilnehmer, daß bei ihnen Veränderungen von Verhaltensweisen, Gefühlen, Glaubenssätzen und Erwartungen wie automatisch stattfanden. Vorher nicht akzeptierte Gedanken und Gefühle können fast unmittelbar emotional akzeptiert werden, wenn diese bisherigen „Problemzustände" als natürlich, als Teil eines Prozesses und einfach als „im Augenblick richtig" betrachtet werden. Das macht aus dem *Gedanken* der Selbstannahme eine einprägsamere und realere *Erfahrung*.

Beachten Sie, daß in der folgenden Tabelle die Begriffe auf der linken Seite allgemein mit Problembereichen verbunden werden und die Aspekte auf der rechten Seite als wünschenswerte Zustände angesehen werden.

Das FACTICITY-Modell für geistige Gesundheit

Glaubenssätze & Annahmen	Natürlich gegebene Gegensätze & Annahmen
	Sicherheit – Unsicherheit
	Leben – Tod
	Vergnügen – Schmerz
	Alleinsein – Gemeinschaft
	Das Universum ist von verschiedenen Mustern geprägt, es besitzt eine eigene Ordnung und ist voll Kreativität. In seinem Prozeß (dem „Leben") macht es von allem Gebrauch.

Die Menschen sind ein Teil des Universums und spielen eine bedeutende Rolle, die sich ihnen durch ihre persönliche Erfahrung erschließt.

Wünsche und Erwartungen

1. Anerkennung von anderen
2. Sicherheit
3. Kontrolle
4. Erreichen von Zielen
5. Expertenmentalität
6. Gebraucht werden

Emotionen

Werden hoch bewertet, als Anzeichen für Erfolg oder Versagen

Tatsächliche Ausführung
als:
– Sex
– Feste Verbindungen
durch:
– Automatische Reaktionen
– Un-Behagen (engl. Dis-Ease)

Wünsche und Erwartungen

1. Selbstvertrauen
2. Flexibilität (Akzeptieren von Veränderung und Unsicherheit)
3. Aufgeschlossenheit (Vertrauen in die eigene Fähigkeit, aktiv zu reagieren)
4. Bewußtheit für den Prozeß
5. Anfängermentalität
6. Teilen

Emotionen

Werden als natürlich gegebene Gegensätze des Augenblicks erkannt, und es wird geprüft, ob sie zum Lernen oder zum Verstehen beitragen können

Tatsächliche Ausführung
als:
– Sinnlichkeit
– Aktives aufeinander beziehen
durch:
– Aktives Reagieren
– Gleichgewicht

Die Tatsache, daß es Religionen, Philosophien, Riten und Rituale gibt, zeigt das menschliche Bedürfnis nach Zugehörigkeit zu etwas oder das Bedürfnis, zu wissen, daß wir Teil eines größeren Ganzen sind. Meistens erhalten wir Antworten auf diese quasi angeborenen Überlegungen bereits lange bevor wir selbst unseren persönlichen Wissensdurst erkundet haben. Als Kinder werden wir automatisch mit Glaubenssätzen, Wünschen und Erwartungen gefüttert. Diese vermitteln uns das unbestimmte *Gefühl*, wir verstünden, warum wir hier sind und was es heißt zu leben.

Die traditionelle Midlife-crisis spiegelt oft die hinter unseren Überzeugungen verborgenen Zweifel. Nicht beantwortete Fragen dringen an die Oberfläche. Gleite ich auf diesem Planeten allein durch den Raum? Wirklich ganz für mich allein? Hat das Leben einen Zweck oder eine Bedeutung?

FACTICITY bietet keine Antwort auf diese Fragen. Es bietet einfach einen weiteren Weg, um zu *Wissen* anstatt zu Überzeugungen zu gelangen. Mit FACTICITY gehen wir von einer Annahme aus: Wenn es wahr ist, daß wir Teil allen Lebens sind und eine bedeutende Rolle zu spielen haben, dann muß diese Wahrheit erkennbar sein. Und diese Wahrheit muß durch das Erfahrungswissen zu erschließen sein. Intellektuelles Wissen ist aufgrund seiner Natur immer eine *Beschreibung* der Erfahrung und nicht die wirkliche Erfahrung. Wenn wir wirklich wissen wollen, wie Pistazien-Eis schmeckt, müssen wir es kosten. Jede noch so ausführliche Beschreibung kann uns nicht die wirkliche Erfahrung des Geschmacks verschaffen.

Im Hinblick auf unser Unterbewußtes ist Erfahrungswissen das einzige Wissen, das Zweifel vollständig ausräumen kann.

Du kannst einfach weitermachen und Dich öffnen...
breite Deinen Wissensreichtum aus ...
Du kannst auf angenehme Weise Dinge verlernen ...
und Dich befreien ...
um neue Wege in Ruhe zu erforschen ...
und Dich ganz einfach einlassen ...
auf diesen Vorgang des Verlernens ...
das Deine Erfahrung frei fliegen läßt...
um Dir ein Gefühl davon zu geben ...
für eine neue Höhe ...
eine neue Perspektive ...
so ganz anders ...
so wie der Himmel dem Schmetterling erscheinen muß ...
der so lange eingezwängt war in das winzige Raupen-
bewußtsein ...
gezwungen, auf dem Boden zu bleiben ...
und Dein Unbewußtes ...
kann jetzt weiterhin ...
die Weisheit des Lebens erfassen ...
und an Dich diesen Reichtum dieser Erfahrung weiter-
geben...
aus dem Du jetzt schöpfen kannst ...
auf Deine eigene Weise ...

und Du kannst ganz nah am Fluß der Dinge bleiben ...
Du kannst damit fortfahren und gleichzeitig mit dem
Leben in Berührung bleiben ...
mit dem Leben, das seinen natürlichen Ausdruck findet ...
jetzt ...

Mit FACTICITY können wir das Unbewußte anleiten, umzulernen. Es kann erkennen, daß es bereits vieles über die Muster des Lebens weiß, einfach aufgrund seiner bisher nicht berücksichtigten Erfahrung. Das Unbewußte kann frei werden, um das Wissen zu nutzen, das es in einer Tiefenschicht bereits besitzt. Dieses Wissen kann zu den nötigen Schritten, Risiken und kreativen Handlungen überleiten, die wir als Individuen brauchen, damit wir das „letzte Wissen" für uns ausschöpfen können.

Den richtigen Weg zu diesem Wissen gibt es nicht. Es gibt nur den persönlichen Weg eines jeden Menschen.

Ausgehend von diesen Grundannahmen nutzen wir FACTICITY, um Hypothesen zu erstellen, die *wir selbst* untersuchen können. Gibt es wirklich unbestreitbare und unveränderliche Gegensätze im Leben? Gibt es neue Wege, um mit diesen natürlich gegebenen Gegensätzen umzugehen? Können wir neue Richtlinien schaffen und dazu unsere Erfahrungen mit den Mustern nutzen, die sich in einer bestimmten Ordnung und Kreativität wiederholen?

Sowohl die moderne Physik wie auch östliche und westliche Mystik und das indianische Gedankengut zeigen auf, daß sich Leben in der Wiederholung von geordneten Mustern entfaltet – das gilt bis hin zu den Molekülen, Atomen, Protonen, Neutronen, Elektronen und Quarks. Innerhalb von Raum und Zeit tritt alles in sich wiederholenden Mustern auf. Mit FACTICITY schaffen wir die Voraussetzungen dazu – mit dem Ziel, Raum für uns selbst, um zu entdecken, ob dies zutreffend und/oder wichtig für ein besseres Leben ist.

Kapitel 6

Akzeptieren und in der Gegenwart sein – Die Schlüssel für das Tor zum Jetzt

… Bald einmal wieder, ohne Hallo,
ohne Auf Wiedersehen – die ganze Zeit im Hier sein …
(Gruß der Eskimos)

Wirklich geistige Gesundheit zeigt sich daran, daß wir jeden Augenblick erkennen und akzeptieren, wo wir sind, und daß wir uns der Erfahrung des Augenblicks hingeben können, egal wie sie beschaffen ist. **Geistig gesund sein heißt, aus einem entspannten Geist heraus und voller Freude kreativ zu leben.** Ein Geist, der gelernt hat, die Anwesenheit der Gegensätze zu akzeptieren und mit ihr zu leben, schafft innerlich genug Raum, um alle Begrenzungen und Widersprüche des menschlichen Seins zu erfassen.

Wir können den Geist befreien, damit er ganz an der Freude eines kreativen Lebens teilhaben kann – und das geschieht auch dadurch, daß wir unsere *Beziehung* zum Geist verändern und

erkennen, daß unser Verstand nicht mit unserer Person gleich-
zusetzen ist. Wenn das geschehen ist, werden wir frei, mehr zu
sein als unser Geist und mehr zu sein als unser Körper.

**Die Menschen setzen ihren Geist (und die von ihm ausge-
lösten Gefühle) mit der Person gleich, die sie sind.**

Wenn wir verstehen lernen, *wie* der Geist arbeitet, und sehen,
hören und fühlen, wie er unsere Handlungen bestimmt, leuchtet
uns eher ein, daß wir nicht diese Verbindung zwischen Geist und
Körper sind. Zum Beispiel wissen wir, wenn wir unsere Hände
sehen und fühlen, daß sie nicht mit dem identisch sind, wer wir
sind. Es sind *Teile* unseres Körpers, das ist sicher, aber sie sind
nicht der Kern dessen, wer wir sind. Wir können nicht gleichzeitig *sein*, was wir beobachten, hören oder fühlen, da wir
Beobachter sind. Wir können nicht das *sein*, das wir sehen, hören
oder fühlen, daß es *uns* oder *in* uns geschieht.

Wegen dieser zutiefst unbewußten Identifikation mit unserem
Verstand (und den von ihm ausgelösten Gefühlen) und seiner
Gleichsetzung mit dem, wer wir sind, bleibt unsere Fähigkeit zur
Unterscheidung zwischen Erfahrungswissen und intellektuellem
Wissen unterentwickelt. Wir fühlen uns oft von unseren spiritu-
ellen Wurzeln abgeschnitten, die jenseits des Geistes liegen. Viele
Menschen in unserer heutigen Welt haben sich in einem geistigen
Irrgarten verlaufen und sehen keinen Weg aus ihm heraus.

Mit FACTICITY suchen wir einen Weg heraus aus dem Geist –
einen Weg, auf dem wir unsere Identifikation mit unserem Geist
als die, die wir sind, auflösen. Dies gelingt uns mit Hilfe einer
natürlichen Fähigkeit, die wir vergessen haben. Diese Fähigkeit
ermöglicht, in der Gegenwart zu sein: Es gilt, uns auf unsere

Sinne zu verlassen, um tatsächlich zu erfahren, was es heißt, lebendig zu sein, zu sehen, zu hören, zu fühlen, zu schmecken, zu riechen, zu berühren.

Wenn das Leben als sinnliche Erfahrung gelebt wird, kann der Verstand an seinen rechtmäßigen Platz verwiesen werden – als ein Teil, der eine Rolle spielt, aber garantiert nicht die Direktorenrolle.

Und sogar wenn Du jetzt weiterliest ...
ist Dein Körper lebendig ...
durch die Klänge und Empfindungen des Lebens ...
und Dein Unbewußtes kann diese Bewußtheit
erweitern ...
jetzt ...
und zulassen, daß sich Sehen ... Hören ... Riechen ...
Schmecken ...
das Gefühl für das Jetzt ...
daß all dies sich in diese Bewußtheit hineinbegibt ...
Dein Unbewußtes lädt ein, zu entspannen ...
und Du lernst das Gefühl kennen, einfach zu sein ...
genau hier ...
und einfach jetzt ...
während Du diese Worte liest ...

kannst Du Deiner Reaktion erlauben, zu fließen...
von Augenblick zu Augenblick ...
wie sich die Blätter einer Blüte entfalten und ihre
verborgene Schönheit und ihren Duft enthüllen ...
ebenso kann Dein Unbewußtes das neue Verständnis
frei werden lassen ...
das anfängt zu blühen ...
während die Eindrücke des Lebens jetzt weiterwirken ...
damit Du Dich an ihnen freust ...

Wir Menschen besitzen viele Fähigkeiten und Ressourcen. Mindestens zwei davon werden im allgemeinen nicht genutzt und stehen uns bei unseren Versuchen, ein erfülltes Leben zu führen, nicht zur Verfügung. Mit Hilfe von FACTICITY können wir diese wirkungsvollen Fähigkeiten hervorholen und sie so prägen, daß sie auf eine neue Weise einsetzbar werden. Sie kennen diese beiden Ressourcen bereits:

Die erste ist das *Unbewußte* mit seinen Fähigkeiten, neue Verhaltensweisen zu erlernen und zu schaffen. Das Unbewußte weiß eine Erfahrung aufzunehmen, sie zu erfassen, sie sich klar zu machen und so zu formen, daß es diese als Grundstock für andere Erfahrungen verwenden kann. Als wir als Kinder zum ersten Mal ganz alleine auf unseren eigenen zwei Füßen standen, wußte unser Unbewußtes, wie es diese Erfahrung zu einer unbewußten Grundlage machen konnte. Es nutzte diese Lernerfahrung zur weiteren Entwicklung, und so lernten wir laufen, rennen, hüpfen, springen und schließlich auch tanzen – und das war schon etwas schwieriger.

Die zweite ist unser ungeheurer Reichtum an unberücksichtigtem *Erfahrungswissen*, das wir seit Beginn unseres Lebens gesammelt haben – das Wissen über Dinge, von denen wir nicht wirklich wissen, daß wir sie wissen. Zum Beispiel: Ohne die Nacht gäbe es keinen Tag, ohne das Unten kein Oben. Je heller das Licht, desto dunkler der Schatten. Und Sie können nicht hinausgehen, wenn Sie nicht vorher drinnen sind.

Durch den FACTICITY-Prozeß bringen wir uns mit diesen Fähigkeiten in Verbindung – und zwar so, daß wir nicht selbst neu formulieren müssen, wie wir mit diesen unsicheren Umständen und Erfahrungen, die sich Leben nennen, in Beziehung treten können. Diese neue Beziehung stützt sich auf unsere persönliche Erfahrung darüber, wie das Leben wirklich verläuft. Dazu gehören auch die unberücksichtigten Erfahrungen, die das Unbewußte bisher nicht als mögliche Informationsquelle und Unterstützung für ein erfülltes, angenehmes und erfolgreiches Leben in Betracht gezogen hat.

Wenn zum Beispiel das Unbewußte die Tatsache, daß es ohne Täler keine Gipfel und ohne Gipfel keine Täler gäbe, als wichtig einstufen würde, vielleicht würde sich dann unsere Einschätzung unserer eigenen Hochs und Tiefs verändern. Die unbewußte

Wahrnehmung, daß Gipfel und Täler füreinander notwendig sind – daß eines das andere entstehen läßt und daß sie entspannt das Vorhandenseins des jeweiligen Gegensatzes annehmen –, das kann durchaus die Erfahrung unserer eigenen Höhen und Tiefen beeinflussen.

Dein Unbewußtes kann jetzt diese Erinnerungen sammeln ...
denn Du hast so manches Land bereist ...
und vielleicht so manchen Berg bestiegen ...
Du hast es genossen, in so manchem Tal zu rasten ...
und Du weißt ganz sicher ...
daß ohne diese Berge keine Täler existieren können ...
und es ohne diese Täler keine Berge geben kann ...
und zusammen ...
wird das Land von neuem zum Leben erweckt ...
neues Leben auf jeder Station der Reise ...
während Du diesen Berg hinaufsteigst ...
oder ins Tal hinabsteigst ...
Du kannst diese Fähigkeit, fließen zu können, frei werden lassen ...
vom höchsten Gipfel ...
glänzend vom Licht der Höhe, die Du erreicht hast ...

hinabgleiten mit angenehmen Gefühlen ...
direkt hinein in das dunkelste, tiefste Tal ...
denn Du weißt ...
daß das Tal die Berge braucht ...
und daß die Berge in den Händen des Tals ruhen ...
und mit beiden gemeinsam lohnt es sich, in dieses Land
zu reisen ...

Mit FACTICITY lehren wir das Unbewußte neu, was ihm vor langer Zeit zu vergessen gelehrt wurde. Und wir richten seine Aufmerksamkeit auf den großen Reichtum persönlicher Erfahrung, den wir immerzu, auch in diesem Moment, sammeln. Das Unbewußte kann diese *unberücksichtigte* Erfahrung organisieren, um auf der unbewußten Ebene eine neue Grundlage der Wahrnehmung zu schaffen und auch um eine neue Beziehung zu den gegebenen Gegensätzen des Lebens aufzubauen.

Solange wir Kinder sind, wird uns grundsätzlich beigebracht, viele Dinge nicht zu wissen. Uns wird beigebracht, nicht so viel zu sehen, nicht so viel zu hören und nicht so viel zu fühlen. Und durch *diese* Art kindlichen Lernens ist uns viel von dem, was wir über das Leben wissen *könnten*, unzugänglich. Uns gehen wertvolle Lebenserfahrungen verloren, die wir uns eigentlich bereits angeeignet haben. Wir verlieren den Zugang zu sehr viel Material, das uns helfen könnte, eine innere Ordnung zu erkennen, in der wir uns wirklich in diesem beständig wechselnden und beständig ungewissen Leben bewegen können.

Je mehr wir von dem wissen, was wir gelernt haben, besser nicht zu wissen, desto eher kommen wir mit unserem eigenen Erfahrungswissen in Berührung. Mit diesem Wissen wird es einfacher, herauszufinden, *wie* wir mit dem Fluß des Lebens in Harmonie leben können.

Kapitel 7

Erfahrung ist der beste Lehrer, den es gibt

… Die verborgene Harmonie ist besser
als die offensichtliche …
(Heraklit)

Wenn wir wirklich mehr sind als das Zusammenwirken von Geist und Körper und uns in einem gewissen Sinne als ein bedeutsamer Teil der Schöpfung erkennen, dann muß es möglich sein, daß wir uns diese Realität (die oft spirituell genannt wird) *durch die Erfahrung* erschließen. Denken, Nachdenken und philosophische Erörterungen versetzen uns *in* den Geist selbst, was – aufgrund seiner Eigenschaften – ein Schritt weg von der tatsächlichen Erfahrung des Lebens ist.

FACTICITY schlägt vor, zu unserer Sinneswahrnehmung zurückzukehren und uns wieder uns selbst zuzuwenden – dies ist der Weg, auf dem neue Möglichkeiten erforscht werden können. Wir begeben uns auf eine abenteuerliche Entdeckungsreise, wenn wir für uns selbst die Realität außerhalb des Verstandes erschließen – und zwar durch unsere eigene Erfahrung.

Wenn wir zur Besinnung kommen, das heißt, wenn wir auf unsere Sinne achten und unsere Erfahrung machen, indem wir für sie *präsent* sind, dann können wir erkennen, daß das Leben nach gewissen unbestreitbaren und unveränderlichen Mustern verläuft, die sich geordnet und kreativ wiederholen. Mit diesem Wissen gewinnen wir automatisch eine neue Beziehung zum Leben. Und dazu gehört auch, daß wir unser eigenes Gleichgewicht finden – als eine notwendige Voraussetzung für geistige Gesundheit und für das Vordringen in den Bereich jenseits des Geistes.

Und Dein Unbewußtes bewegt sich ...
und findet heraus, wie sich jenes alte Lernen jetzt auf neue Art anwenden läßt ...
denn was ungleich war, erlaubt Dir ...
ins Gleichgewicht zu kommen ...
es erschafft Freiraum...
es erlaubt Bewegung in Deinem Sein ...
eine Bewegung zum Gleichgewicht ... jetzt ...
so wie Du vor langer Zeit vielleicht ...
auf der Kante eines Bordsteins gestanden hast ...
Du hast versucht herauszufinden wie das ist, auf der Kante zu balancieren ...
so zu tun, als sei der Bordstein ein Seil vielleicht ...

hoch über dem Boden aufgespannt ...
und Du gehst über diese dünne Linie ...
Du fühlst es, daß Du Gleichgewicht gefunden hast ...
während Du gehst ...
und von einem Fuß auf den anderen balancierst ...
die Arme ausgebreitet, um das Gleichgewicht zu halten ...
eine Bewegung nach links, dann nach rechts und wieder
zurück ...
nach vorn und zurück ...
um diesen Augenblick des Gleichgewichts zu finden ...
der kommt und geht ...

Die NLP-Technik, Submodalitäten (siehe Glossar) zu nutzen, bietet einen wirkungsvollen Rahmen, um uns zu helfen, wirklich aus unserem Verstand herauszutreten und präsent zu sein für die Erfahrung von dem, was gerade geschieht. Und das geschieht jenseits der Filter der Glaubenssätze, Wünsche und Erwartungen.

Die Fähigkeit, präsent zu sein, im Jetzt und frei vom kritisch urteilenden Verstand zu sein, zählt zu den erwünschten Zielen der inhaltsfreien Meditation (siehe Glossar). Diese Art der Meditation schafft ein Umfeld, in dem etwas geschieht, was der Geist nicht „tun" kann.

Der Geist kann uns keine Einsichten aus dem Bereich verschaffen, den wir unsere „spirituelle Natur" nennen können. Arbeitet man aber mit Hilfe der Meditation mit dem Geist, so wird ein Umfeld geschaffen, in dem tiefe Einsichten aufsteigen können. (*Eine* Definition von Einsicht lautet „intuitiv sehen" – gemeint ist ein direktes Wissen, das ohne kognitive Gedanken entsteht.)

Es gibt mehrere Kategorien von Meditationstechniken. Eine von ihnen entwickelt *mentale Konzentration*, das heißt die Fähigkeit des Geistes, seine Konzentration und Aufmerksamkeit auf einen Punkt zu richten und zuzulassen, daß alles andere *außerhalb* der bewußten Wahrnehmung bleibt. Zu diesen Techniken gehören Mantras, inneres Visualisieren, Mandalas malen, Singen und andere, bei denen unsere Aufmerksamkeit auf eine Sache, und zwar auf nur diese eine Sache, unter Ausschluß aller anderen Dinge, gerichtet bleibt.

In einer anderen Kategorie wird die *bewußte Wahrnehmung* entwickelt, um dadurch Einsichten möglich zu machen. Bei diesen Techniken dient ein Objekt dazu, unsere bewußte Aufmerksamkeit festzuhalten. Und alles andere, was in diesem Zusammenhang aufkommt, darf da sein oder vorüberziehen, während wir einfach den Fluß beobachten und zulassen. Jede dieser Techniken zielt darauf ab, unterschiedliche mentale Fähigkeiten zu entwickeln. (Und natürlich gibt es außerdem Methoden, die beide Aspekte in einer Übung verbinden.)

FACTICITY nutzt eine inhaltsfreie Meditationstechnik der zweiten genannten Kategorie. Es stellt dadurch eine natürliche Erweiterung der NLP-Technik im Umgang mit Submodalitäten dar.

(Beim NLP werden Submodalitäten als universelle Bausteine der subjektiven Erfahrung betrachtet. Siehe Glossar.) In diesem Prozeß wird die Fähigkeit entwickelt, das zu lernen, was oft benannt wird als pure Aufmerksamkeit oder als Bewußtheit für die wirkliche sinnliche Erfahrung. Die Aufmerksamkeit richtet sich dabei ganz auf die sinnlichen Eindrücke – es geschieht also eine Fokussierung noch *bevor* der Beobachter die Erfahrung mit seinem eigenen Geist auf dem Wege über kritische Gedanken, Projektion oder Halluzination interpretiert oder mit einem Etikett versehen kann.

Wenn zum Beispiel jemand die Erfahrung macht, rot zu werden, ist da zunächst die grundsätzliche Empfindung von Hitze und Bewegung: Die Blutgefäße weiten sich, und das Blut fließt stärker zum Gesicht. Es ist möglich, sich dieser Empfindungen bewußt und für sie offen zu sein. Sie können umfassend als Empfindungen erfahren werden, *bevor* dann das Etikett „Erröten" auftaucht mitsamt der Interpretation, daß man gerade eine unangenehme Situation erlebt. Wenn diese Art bewußter Aufmerksamkeit gelingt, kann die Wirkung alter Etiketten und Interpretationen umgangen oder aufgehoben werden.

Wir Menschen lassen viele unserer Erfahrungen unberücksichtigt und verlassen uns statt dessen auf geistige Vorstellungen und Abstraktionen. Wir gehen mit diesen Abstraktionen so weit, daß wir anfangen, uns zu fragen, ob wir überhaupt in der Lage sind, die „echte" Erfahrung zu machen.

Die „echte" Erfahrung geschieht hier und jetzt; sie ist uns zugänglich, und sie existiert in jenem Bereich unmittelbar jenseits unseres Geistes.

FACTICITY kann uns helfen, einen Plan zu erstellen, wie wir durch das Terrain des Lebens gelangen, so wie es wirklich ist, *bevor* wir die Ergebnisse unseres kritischen Geistes hinzufügen (Urteile, Werte, Meinungen). Wir tun dies, indem wir zu unserer sinnlichen Erfahrung zurückkehren – zurück zu unseren Sinnen, zu dem, was wirklich überprüfbar ist: mit unseren Augen, unseren Ohren, unserer Nase, unseren Händen und Füßen und sogar mit diesem inneren Gefühl des Wissens, das einige eine stille, schweigende Stimme nennen. Verdeutlichen Sie sich dies: Wenn wir den Himalaja mit einer Karte der Sahara bereisen, wird das große Verwirrung und Unannehmlichkeiten mit sich bringen.

Mit einer Karte der Sahara den Himalaja bereisen

Die gegebenen Gegensätze sind eine erfahrbare Realität, von der wir eigentlich alle wissen, daß es sie gibt. Dieses Wissen wird jedoch nicht beachtet, denn unsere unbewußten Vorannahmen und Vermutungen versperren diesen Erkenntnissen den Zugang zu unserem Bewußtsein. Erfahrungen, die unsere grundlegenden unbewußten Annahmen nicht stützen, werden einfach nicht wahrgenommen. Wenn ich unbewußt überzeugt bin, daß Glück bedeutet, verheiratet zu sein, werde ich nie die Alleinstehenden bemerken, die alleine glücklich sind.

Und Dein Unbewußtes kann in sich forschen ...
es kann sich erinnern an Deine Fähigkeit, zu
entspannen ...
während Du durch die Tage Deines Lebens gehst ...
die Tageszeiten ändern sich ...
die Temperaturen ändern sich ...
die Abende kommen und gehen ...
und ebenso ändern sich die Phasen des Mondes ...
es ist seltsam zu wissen ...
daß der neue Mond sich dann ändert, wenn er nicht zu
sehen ist ...
unsichtbar im Dunkel der Nacht ...
der neue Mond läßt die Veränderung geschehen ...
ganz leicht und tief im Schoß der Nacht ...

und wenn Dir das bewußt wird ...
kannst Du angesichts der Veränderung entspannen ...
Du fühlst die Veränderungen, die hier begonnen haben ...
Veränderungen, die Dein Unbewußtes zugelassen hat ...
im Rhythmus des Atems ...
und jeder Pulsschlag verändert jene Gefühle ...
so daß Du ausruhen und zulassen kannst ...
daß sich diese Entspannung ausbreitet ...
und Dich frei macht für die Erkenntnis ...
daß Veränderung natürlich und leicht ist ... jetzt ...

Durch persönliche Erfahrung können wir höchst effektiv Beweise und Informationen darüber sammeln, wie ein Leben befriedigend gelebt werden kann. Sehr oft jedoch ziehen wir nur einen kleinen Teil unserer Erfahrung in Betracht: Und wir wählen außerdem oft nur *einen* Weg, wie wir damit umgehen. Vielleicht ist der für uns einzig richtige Weg der Weg, den wir von Tante Jill lernten, als wir zehn Jahre alt waren. Und noch wahrscheinlicher ist es, daß dies der einzige Weg ist, den unser Unbewußtes je als möglich gesehen hat.

Wenn das Unbewußte erkennt, daß ein Reichtum an unberücksichtigter Erfahrung vorhanden und *wichtig* ist für ein Leben, das jetzt erfüllter, reicher, sicherer, kreativer und produktiver sein kann, wird es im allgemeinen erfreut weitermachen und nach Möglichkeiten suchen, jene Informationen zu nutzen.

In dem Prozeß, in dem dieses Reservoir an verborgenen Ressourcen kontinuierlich erschlossen wird, bietet die inhaltsfreie Meditation dem Reisenden einen ruhigen Platz zum Verweilen für die Zeit, in der sich sein Geist erweitert und neu organisiert, um die Widersprüchlichkeiten und Begrenzungen des Lebens zu fassen.

Es ist eine bizarre Erkenntnis, daß das Gefühl von Sicherheit letztendlich darin zu finden ist, daß man Unsicherheit und einen ständigen Wechsel schlichtweg als Merkmale des Lebens akzeptiert. Wenn das Unbewußte soweit befreit ist, die gegebenen Gegensätze (die Dualität) als das *Muster* jenes natürlichen Flusses zu erkennen, kann ein neues Verständnis wachsen.

Für den Geist, der nach Transformation strebt, wird mit der Zeit deutlich, daß Veränderung geschieht, sobald wir etwas für uns erreichen wollen. Und es wird außerdem deutlich, daß Verstehen etwas ist, was mit uns geschieht. **Und es ist bekannt, daß Verstehen und nicht Veränderung schließlich Transformation stattfinden läßt.**

Kapitel 8

Glaubenssätze – Das Wunder der selektiven Wahrnehmung

… Wirkliche Harmonie bedeutet, weder mit etwas noch
gegen etwas zu sein. Laß die Wirklichkeit Besitz von
Dir ergreifen. Laß Dich einfach vom Unvermeidbaren
überwältigen, und Du wirst unendlichen Frieden finden …
(Tai Hui, Zen-Meister)

Da uns beigebracht wurde, nicht so viel zu sehen, nicht so viel zu
hören und nicht so viel zu wissen, sind wir jetzt so weit, daß wir
sehr viel Zeit damit verbringen, mit unserem Verstand *über* das
Leben nachzudenken. Wir sind nicht so frei, es direkt zu erfahren. Außerdem führt dieses *erlernte Nichtwissen* dazu, daß
wir Glaubenssätze brauchen. Da vieles unseres „Wissens" – wie
bereits erläutert – von uns als nicht verfügbar bewertet wird,
greifen wir bereitwillig zu Glaubenssätzen über die Dinge, die
wir nicht zu wissen meinen. Wir lernen, nach diesen Glaubenssätzen zu handeln, als seien sie wahr.

Da Glaubenssätze wie Filter wirken, lassen sie uns nur sehen,
was unsere bereits bestehende Überzeugung unterstützt, und

nicht, was sie in Frage stellt. Glaubenssätze veranlassen uns, viele Dinge, die wir aufgrund unserer Erfahrung kennen könnten, nicht zu sehen oder nicht zu berücksichtigen. Auf diese Weise werden unsere Erfahrungen von der Existenz der zusammenwirkenden Gegensätze gelöscht – und sie stehen uns damit nicht länger zur Verfügung.

Wenn ich glaube, daß das Leben vor allem eine harte Erfahrung sei, werde ich die Lebensabschnitte, in denen mein Leben glatt und leicht verläuft, nicht bemerken. Diese Erfahrung wird vom Unbewußten als unwichtige Information bewertet und nicht weiter berücksichtigt; sie bleibt außerhalb meines Blickfeldes und meiner Überlegungen. Glaube ich jedoch, daß das Leben *sowohl* schwierig *als auch* einfach ist, bin ich offen für beide Arten von Erfahrungen, und ich verfüge über mehr Informationen, um ein angenehmes, ausgeglichenes Leben zu führen.

Es ist nützlich zu wissen, was wir glauben und wie wir diese Glaubenssätze für uns nutzen können. Es kann sich in diesem Prozeß herausstellen, daß wir einen Glaubenssatz in eine „Wahrheit" verwandelt haben – und zwar in eine subjektive Wahrheit, die sich nicht in einer universalen Erfahrung widerspiegeln kann. In diesem Fall ist es wichtig, einzuhalten und sich aufrichtig zu hinterfragen: Ist das wirklich wahr, oder will ich nur, daß es wahr ist?

Glaubenssätze sind für das System von Geist und Körper wahr. Was wir für wahr halten, kann sogar einen körperlichen Ausdruck finden. Von jenem Punkt *jenseits* des Geistes betrachtet, sind Glaubenssätze und die von ihnen erzeugte subjektive Realität jedoch wie ein Traum – sie sind real, solange sie

77

„geträumt" werden, werden aber beim Erwachen als Eigen-schöpfung des Verstandes und als Illusion erkannt.

Die Bewußtheit davon, daß unbestreitbare natürliche Gegensätze existieren, erlaubt uns, selbst angesichts einer anscheinend paradoxen Situation zu entspannen. Wir behalten die Freiheit, einerseits Illusionen als real für das System von Geist und Körper zu betrachten, und andrerseits sie von jenseits des Geistes wahrzunehmen, als nicht-real oder zumindest als nicht die letzte Realität.

Wir nutzen die Methode der FACTICITY, um das Vertrauen in das Vorhandensein unserer *nicht berücksichtigten Erfahrungen* zu stärken und um unsere eigene Wahl und unsere eigenen Entscheidungen zu treffen, wie wir mit Dingen umgehen, die wir als natürliche, unvermeidliche Gegensätzlichkeiten der Lebens-erfahrung erkannt haben.

Obwohl FACTICITY weniger mit „Glauben" als mit Erfahrung zu tun hat, erkennen wir eben diese Glaubenssätze als Kräfte, die uns antreiben, so zu handeln und vorzugehen, wie wir es tun. Mit FACTICITY arbeiten wir direkt mit den Überzeugungen und erziehen das Unbewußte um, damit es erkennt, wo es nicht aus Überzeugungen heraus handeln muß.

Es gibt genug universelle, durch Erfahrung gewonnene Informationen (Dinge, die wir wissen können), um uns so frei zu machen, daß wir in Harmonie mit dem „Leben" leben.

Und Dein Unbewußtes kann jetzt fortfahren …
und jene Erfahrungen aussuchen …
die bisher nicht berücksichtigt wurden …
und es kann jene alten Glaubenssätze beiseite schieben …
bei denen Du jetzt erkennst …
daß sie nicht länger gebraucht werden …
und Du fährst fort und entdeckst den Wert jener
Erfahrungen …
die in der Vergangenheit unbeachtet geblieben sind …
sie bewegen sich jetzt nach vorn …
um gesehen und gehört und gefühlt zu werden …
sie sind eine eindrucksvolle Quelle Deines Wissen …
heute …
und was Du damals gelehrt worden bist, nicht zu wissen …
obwohl Du es erfahren hast …
gehört jetzt Dir …
spürst Du es?

Der Gedanke erscheint absurd, daß wir irgendeine Erfahrung ignorieren, bevor wir sie nicht vollständig und gründlich als mögliche Informationsquelle untersucht haben. Überzeugungen und Glaubenssätze spielen in mancher Hinsicht eine wichtige Rolle und haben einen berechtigten Einfluß. Dennoch gibt es Bereiche, in denen etwas anderes in den Vordergrund unserer Wahrnehmung gehört: „Das, was ist."

Stellen Sie sich einmal vor, Sie besteigen einen Berg und kommen in das Land der Glaubenssätze. Hier herrschen Imagination und Geisteskräfte. Es ist genügend Raum vorhanden, so daß die Fähigkeiten des Geistes, die wirken und nach Ausdruck drängen, entdeckt und eingesetzt werden können. Sie reisen also durch dieses Gebiet, Sie lernen, Sie forschen, und Sie verstehen es weitgehend, Ihre eigene Realität zu schaffen.

Eine Bergmetapher:
Im Vordergrund das Land der Glaubenssätze,
im Zentrum das Königreich dessen, was ist, und
im Hintergrund das Land jenseits des Verstandes

Dann überschreiten Sie eines Tages, vielleicht ohne es zu wissen, die Grenzen dieses Landes und gelangen in das Reich dessen, was ist. Sie versuchen hier immer wieder, Dinge in Gang zu bringen, so wie es Ihnen vorher gelungen ist, aber irgendwie gelingt das nicht. In dem Reich dessen, was ist, wird etwas Neues gebraucht, zusätzlich zu den Kräften des Verstandes. Dies ist jetzt das Gebiet, wo FACTICITY sehr wertvoll wird. Überzeugungen sind in diesem Land auch nützlich, aber wenn Sie dieses Land durchqueren wollen, müssen Sie lernen, zu akzeptieren, was gegeben ist, und präsent zu sein.

Mit FACTICITY gönnen wir uns genug Zeit und erhalten eine Anleitung, um Glaubenssätze von der eigenen Erfahrung zu unterscheiden. Dann können wir das passende Erfahrungswissen anwenden, um mit dem Leben in Verbindung zu treten. Wir können dabei die neuen Wege gehen, die uns am sinnvollsten erscheinen – und es ist gut, so zu sein, wie wir jetzt sind, mit all unserer Erfahrung davon, was es heißt, zu leben.

FACTICITY hilft uns, die Macht von Glaubenssätzen zu erkennen, das heißt auch, hemmende Glaubenssätze genau festzustellen und zu verändern. Wir können die Kraft von Überzeugungen nutzen, indem wir zu neuen Überzeugungen gelangen, die nicht nur positiv und prozeßorientiert sind, sondern die auch die gegebenen Gegensätze einschließen. Und damit läßt sich ein neuer Weg finden, um eine Beziehung zu den Gegensätzen herzustellen, die durch eine frühere Überzeugung geleugnet, ignoriert oder entwertet wurden.

Ich könnte zum Beispiel die alte Überzeugung hegen, daß ich dumm bin. Wenn ich erkenne, daß Dummheit und Intelligenz nur die beiden Endpunkte in einem Prozeß sind, der sich wieder und wieder von dem einem Punkt zum anderen bewegt, möchte ich vielleicht meine Überzeugung revidieren. Ich habe dann weniger Streß, und ich kann mich besser akzeptieren, wenn ich auf Dummheit und Nichtwissen stoße. Mein neuer Glaubenssatz könnte vielleicht so lauten: Ich glaube, daß ich lerne, die Augenblicke zu bemerken, in denen meine Intelligenz oder meine Dummheit zum Vorschein kommen. Ich begrüße die Situationen, in denen ich mich dumm fühle, denn sie sind ein Schutz für meine Intelligenz; durch sie werde ich aufgefordert, wach und offen zu bleiben für neue Informationen, Eindrücke und Dinge, die ich aufgrund meiner Erfahrung und meiner Kenntnisse noch nicht weiß.

Und Dein Unbewußtes kann sich jetzt voll auf die Kräfte stützen ...
die in Deiner nicht berücksichtigten Erfahrung wirken ...
es kann neue Wege erschaffen, um mit dem Leben in Beziehung zu treten ...
merken, daß Du selbst unter äußerem Druck leben kannst ...
daß Du den Schmerz nutzen kannst, zu Dir selbst zurückzufinden ...
während Du beobachtest ...

ausfindig machst ... Dir bewußt wirst ...
daß Du lebst und tanzt ...
in diesem Fluß von Abschlüssen und Anfängen ...
von Helligkeit und Schatten ...
so wie die Luft, die Du atmest ...
genau hier ... genau jetzt ...
hineinströmt und herausfließt ...
und Dein Unbewußtes kann dieses Entfalten zulassen ...
in Deiner Zeit ...
Dir wird bewußt, was Du gelernt hast, nicht zu wissen ...
und das geschieht so schnell oder so langsam ...
wie es richtig ist für Dich...
vertraue Deiner Erfahrung...
die Dich jetzt führt ...
während Du weiterschreitest ...
und aus den alten Überzeugungen heraustrittst ...
und Du weißt, daß Du bereit bist, sie loszulassen ...
Du bittest Dein Unbewußtes ...
Dich in dem neuen Vertrauen zu unterstützen ...
und in Deiner Erfahrung Wurzeln zu schlagen ... jetzt ...
und Dir die Grundmuster des Lebens zu enthüllen ...
die Du als Deine eigenen kennen darfst ...

Wenn wir den Gegensätzen erlauben, zu existieren, so wie sie sind, – daß sie frei sind, sich in all ihren Möglichkeiten abzuwechseln, daß jedes Extrem ein Recht zu existieren hat, – dann kann ein neues Verständnis entstehen. Wenn ich glaube, daß ich häßlich bin, werde ich langsam erkennen, daß ich auch Schönheit besitze. Eines kann ohne das andere nicht bestehen. Glaube ich, daß ich dumm bin, werde ich erkennen, daß ich auch intelligent bin. Eines kann ohne das andere nicht bestehen. Allmählich kommt ein neues Gefühl von Entspannung auf, und es fällt leichter, *jegliche* Erfahrung zu akzeptieren.

Kapitel 9

Bewußt nützliche Illusionen erschaffen

… Wenn keine kritischen Gedanken entstehen,
hört das alte Denken auf zu existieren …
(Sengsten, Dritter Zen-Patriarch)

Glaubenssätze bestimmen unser Verhalten grundlegend, und sie können sehr motivierend sein. Andererseits sind Glaubenssätze die Ursache, wenn unsere Fähigkeit blockiert wird, dem Leben auf neue Weise und spontan zu begegnen.

Wir nutzen FACTICITY, um unser Unbewußtes dahingehend anzuleiten, daß es unsere bisher nicht berücksichtigten Erfahrungen als vorhanden und wichtig erkennt, und um neue Überzeugungen zu schaffen, die zu unseren Gunsten wirken. Wir können sogar die Macht der Überzeugungen so stärken und sie als Antriebskraft derart nutzen, daß sie uns dazu bringt, alles, was wir sind, bedingungslos wahrzunehmen und urteilsfrei zu akzeptieren.

Die Schwierigkeiten mit der Methode des positiven Denkens und dem Gebrauch von Affirmationen, so wie sie gegenwärtig sehr verbreitet sind, bestehen darin, daß allgemein mit ihnen das

Vorhandensein von Gegensätzen geleugnet wird. Und dieses Leugnen versetzt uns sofort dahin zurück, wo wir angefangen haben. Da es die Tatsache der Veränderung und der Gegensätze nun einmal unwiderruflich gibt, läßt es sich nicht vermeiden, daß sich die unerwünschten Zustände immer mal wieder einstellen – vielleicht in veränderter Form, aber grundsätzlich werden sie das Gegenteil der erwünschten Erfahrung darstellen. Erinnern Sie sich: Wenn wir uns bereits im Reich dessen, was ist, befinden, wenn wir bereits so weit gereist sind, dann brauchen wir neue Richtlinien für die Reise.

Die Eingangslosung heißt:
Akzeptieren und Präsentsein.
Das Land dessen, was ist, bereisen Sie mit der Landkarte
vom Land dessen, was ist, und den Losungsworten
„Akzeptieren und Präsentsein".

Mit FACTICITY arbeiten wir daran, unsere Überzeugungen so zu erweitern, daß auch jegliche Gegensätzlichkeiten eingeschlossen werden, die noch geleugnet werden – sie sollen angenommen werden und ihren rechtmäßigen Platz als Bestandteil des Lebens erhalten, damit sie von dem Wirksystem des Geistes und des Körpers entdeckt und erforscht werden können.

Wir Menschen haben den angeborenen Wunsch, uns mit unserem „spirituellen" Selbst zu verbinden. Wir gehen vielleicht unterschiedlich auf diesen Wunsch ein und benennen ihn individuell verschieden, aber er ist in uns allen vorhanden. Früher oder später wachen wir alle mitten in der Nacht auf und fragen uns, warum wir eigentlich „hier" sind und wozu unsere Erfahrungen gut sind.

Während wir diesem Wunsch, zu „wissen" und „verbunden zu sein", nachgehen und zulassen, daß er uns in Richtung des dritten Teils der Lebenstriade (nach Körper/Geist auf die spirituelle Ebene) zieht, landen wir unvermeidlich direkt in unserem Kopf. Aus diesem Grund betrachten viele spirituell Suchenden den Verstand als den Feind der Meditation und als den Feind des Lebens im Jetzt.

Wie auch immer, spätestens seit der Entwicklung der NLP-Trancen und der Ericksonschen Hypnose stehen uns Techniken zur Verfügung, um *mit Hilfe* des Geistes die Erfahrung des Bewußtseins auszudehnen und uns in den Bereich jenseits des Verstandes zu bewegen. Mit diesen Möglichkeiten erfahren wir viel Nützliches über geistige Gesundheit. Und wir lernen, wie wir aus einem entspannten Geist heraus leben können und angefüllt sein können von der Freude eines kreativen Lebens.

Sobald wir erkennen, daß wir sogar unbewußt die Existenz der natürlichen, unbestreitbaren Gegensätze anerkennen sollten, ist ein großen Sprung in dem Prozeß gelungen, mit dem wir ein geistiges und emotionales Gleichgewicht bewirken wollen.

Und manchmal kann ein Mensch vergessen, sich an die Weisheit des Körpers zu erinnern ...
der die Schönheit und die Kraft kennt ...
die entstehen, wenn das Positive und das Negative zusammenfließen und zusammenwirken ...
ganz tief im Innern ...
in den einzelnen Zellen ...
die erstaunliche Anziehung der positiven und der negativen Kräfte ...
diese scheinbaren Gegensätze ...
die zugleich eine natürliche Verbindung zwischen Positivem und Negativem sind ...
sie erlaubt Deinen Zellen, zusammenzuhalten ...
sie gibt dem Körper die Freiheit, sich zu bewegen und all das zu entdecken, was er sein kann ...
all das ist grundsätzlich richtig ...
denn der Gegensatz von richtig ist nicht immer falsch ...

und was jetzt zu tun bleibt, ist, voranzuschreiten ...
von der Weisheit des Körpers lernen ...
zulassen, daß sich die alten Überzeugungen jetzt erheben
und verändern ...
hereinlassen, was vorher draußen gehalten wurde ...
während das Unbewußte dieses neue und sehr flexible
unbewußte Fundament baut ...
genau auf die nicht berücksichtigten Erfahrungen ...
auf die Du Dich stützen kannst ... jetzt ...

Ericksonsche Hypnose und die Trancen des NLP sind wirkungsvolle Methoden für Veränderungsprozesse. FACTICITY verwandelt mit ihrer Hilfe die äußere Struktur und die innere Psychologie des Geistes – statt Hindernis zu sein, werden sie zu einer Brücke jenseits des Geistes. Die Brücke entsteht, indem Gegensätze erkannt und akzeptiert werden und die Fähigkeit, sinnliche Erfahrungen zu machen, gestärkt wird. Geschieht dies, finden wir leichter unser Gleichgewicht und fühlen uns frei, aus dem Geist heraus in den Bereich jenseits des Geistes zu treten, egal wie er auch immer genannt wird: Nicht-Geist, Samadhi, Gottesbewußtsein, Erleuchtung, Nirwana, Selbsterkenntnis oder einer von einem Dutzend Finger, die zum Mond zeigen.

Stellen Sie sich eine Münze vor, und denken Sie daran, daß sie vom Verstand als zweiseitig gedacht wird. Es gibt jedoch eine dritte Seite, und zwar den Rand. Betrachtet man die Münze aus dieser dritten Perspektive, kann man beide Seiten sehen, und, was wichtiger ist, alle beide sind Ihrer Beobachtung untergeordnet. Eine Identifikation mit einer der beiden Seiten führt zu Ungleichgewicht. Nichtidentifikation oder Distanz von *beiden* Seiten erlaubt Gleichgewicht und ermöglicht eine weitere Perspektive. Achten Sie aber bitte darauf, daß diese Nichtidentifikation nicht bedeutet, daß Sie dissoziiert sind (also sich innerlich von einer Situation distanzieren; siehe Glossar) oder Ihre Gefühle zurückhalten. Nichtidentifikation und Gefühl können gleichzeitig vorhanden sein, müssen es aber nicht.

Es ist interessant, daß viele Mystiker den Hauptunterschied zwischen Verrücktheit und Erleuchtung in der Beziehung sehen, die zwischen der *Perspektive* und dem Geist besteht.

Verrücktheit wurde als vollständige Identifikation mit den Aktivitäten des Geistes (Gedanken und die von ihnen hervorgerufenen Gefühle) beschrieben, die einen Menschen der Macht des Geistes unterwirft. Erleuchtung wird dagegen oft als eine Nichtidentifikation mit den Aktivitäten des Geistes bezeichnet, die den Menschen einen Abstand zu Gedanken und Gefühlen ermöglicht, so daß sie die Kräfte des Geistes lenken können, anstatt vom Geist gelenkt zu werden.

Und ist es nicht seltsam ...
daß sogar ein schwerer Ozeandampfer ...
sich manchmal der Steuerung widersetzt und in eine
andere Richtung fährt...
und eine Meile oder mehr geradeaus weiterfährt ...
auf einem Weg, den er nicht länger einzuschlagen
braucht ...
auch wenn das Ruder ins Wasser eingetaucht ist und die
neue Richtung angegeben worden ist ...
aber ein Kapitän, der sein Schiff kennt ...
läßt ihm die Zeit, sich dem Kurswechsel zu widersetzen ...
denn er weiß genau ...
wenn dieser Widerstand sich erschöpft hat, wird sich die
neue Richtung durchsetzen ...
und dieses Wissen darf das Unbewußte veranlassen ...
jetzt diese alten Überzeugungen aufzuspüren ...
Du bist bereit, sie zurückzulassen und Deine eigene
Erfahrung zu nutzen ...
viel leichter und intensiver jetzt ...
die neue Richtung enthüllen ...
die Richtung Deiner Wahl.

Kapitel 10

Das Unbewußte –
Keine Veränderung ohne seine
Zustimmung

… Lassen Sie die Dinge einfach so sein wie sie sind,
und es wird weder Kommen noch Gehen geben …
(Sengsten, Dritter Zen-Patriarch)

Das Bewußtsein ist normalerweise vielen verschiedenen Lebens-
auffassungen ausgesetzt. Das Unbewußte jedoch beschränkt sich
gewöhnlich in seiner Auswahl an *brauchbaren* Möglichkeiten.

Das Unbewußte kann das, was das Bewußtsein gelernt hat, recht
gut aufnehmen und gebrauchen. Das Unbewußte ist aber darauf
bedacht, uns zu schützen, und muß deshalb absolut sicher sein,
daß das, was wir zu tun beabsichtigen, in unserem eigenen Interesse ist. Diese Entscheidung des Unbewußten stützt sich auf vorhandene Glaubenssätze, Annahmen und Vermutungen darüber,
wie das Leben richtig gelebt wird.

Wir nehmen im allgemeinen an, daß wir eine Verhaltensänderung
erreichen können, wenn wir ein unerwünschtes Muster bewußt

verstanden haben. Die Erfahrung beweist uns jedoch das Gegenteil. Nur zu viele von uns können genau erklären, warum unser Leben so ein Chaos ist, warum wir so unglücklich sind, wo alles begonnen hat, wer beteiligt war und welche Mißverständnisse oder Fehleinschätzungen sich zu diesem Zeitpunkt eingestellt haben. Aber wir reagieren dennoch weiterhin mit demselben unerwünschten Verhalten.

Milton Erickson (siehe Glossar *Ericksonsche* Hypnose) untersuchte, warum eine bewußte Einsicht nicht immer zu Veränderungen im Verhalten führte. Seine Pionierarbeiten auf dem Gebiet der Hypnose (siehe auch Glossar *Trance*) brachten viele neue Techniken für den Umgang mit dem Unbewußten und führten zu einem neuen Verständnis über die Wirkung und die Arbeitsweise des Unbewußten. Seine Forschungen leiteten zu der Erkenntnis, daß wir *direkt* mit dem Unbewußten arbeiten müssen.

Das Unbewußte hat Zugang zu unseren gesamten Erfahrungen, und es ist auch in der Lage, diese Erfahrungen zu nutzen. Es kann jedoch sein, daß es eine Erfahrung nicht richtig einschätzt oder nicht erkennt, daß sie wichtig ist. An dieser Stelle setzen wir FACTICITY ein, um mit einem Prozeß zu beginnen, in dem das Unterbewußtsein umlernt. Hier werden ihm neue Alternativen angeboten, zum Beispiel den Gebrauch von Platitüden und Metaphern in positiv veränderten Bewußtseinszuständen neu zu berücksichtigen (siehe Literaturverzeichnis: Michaels: *Lions in Wait*).

Ist sich das Unbewußte einmal der Tatsache bewußt, daß bestimmte Muster existieren und relevant sind, kann es seine

Erfahrungen in Übereinstimmung mit diesen Mustern neu organisieren und neu verbinden und damit seinen Erfahrungsschatz sinnvoll erweitern. Das Unbewußte kann ein vollständig neues, solides und dennoch flexibles Fundament errichten, das uns erlaubt, sehr viel entspannter und leichter mit den gegebenen Gegensätzen umzugehen und ihrem Wechselspiel zu folgen.

Die Grundstruktur des Lebens wird sich nicht verändern. Sie ist, wie sie ist. Wenn wir jedoch erkennen, daß sich das Leben nach einer bestimmten Ordnung und nach bestimmten Mustern fortsetzt, die *wir selbst erfahren* können, eröffnet uns das ein ganz neues Verständnis von geistiger Gesundheit und neue Wege zum eigenen Wohlbefinden.

Wir gelangen aus einer neuen Perspektive zu unseren Lebenserfahrungen, wir sind offen dafür, das Leben anders zu erspüren. Und wir sind vielleicht zum ersten Mal so frei, uns auf die Natur einzustimmen und wahrzunehmen, was die Natur durch unseren Körper und durch unsere Umgebung zu einem harmonischen Leben beizutragen hat.

Und Dein Unbewußtes kann von Deiner Erfahrung lernen ...
mit den Bäumen ... mit dem Wind ...
Deine Erfahrung mit dem Himmel, der immerzu grenzenlos bleibt ...

und sich ausdehnt hinter den Wolken ...
und Du fährst fort, diese Erkenntnisse zu nutzen ...
jetzt ...
und erlaubst Deinen Energien, zu fließen...
ganz natürlich ...
so wie das Wasser eines Flusses dahinfließt ...
vom linken Ufer zum rechten Ufer ...
ohne Sorgen ...
und das Ufer läßt dieses Fließen von einer Seite zur
anderen zu ...
während das Flußbett das Wasser trägt ...
auf seinem Weg ...
es fährt mit seiner Reise fort ...
zurück zu jener Quelle ...

Um das Unbewußte so zu befreien, daß es all seine Kräfte und Fähigkeiten auf seinem Weg hin zu voller Selbstakzeptanz einsetzt, müssen verborgene Glaubenssätze und Vorannahmen eindeutig benannt und in Frage gestellt werden. Viele verschiedene Dinge können uns davon abhalten, die Veränderungen durchzuführen, die wir jetzt wollen. Und meistens wurzelt ein bestimmtes Verhaltensmuster in einer unbewußten Vorannahme (einem Glaubenssatz oder einer Vermutung).

Fast all unsere Glaubenssätze und Vermutungen gründen auf sehr tief verborgenen Vorannahmen. Diese bringen uns dazu, beinahe die Hälfte der Lebenserfahrungen, die uns das Leben offensichtlich zugedacht hat, nicht zu schätzen und nicht zu respektieren. Die folgende Liste enthält einige sehr verbreitete Vorannahmen.

1. Sicherheit ist möglich (es gibt einen Ort, an dem keine Veränderungen stattfinden).
2. Man kann dem Tod (irgendwie) entgehen.
3. Der Tod ist eine einmalige Erfahrung, die bekämpft werden muß.
4. Um Schmerzen und Druck loszuwerden, muß man sich nur gegen sie stellen (sie vermeiden) und Vergnügen und Wohlbefinden wollen.
5. Es gibt einen „richtigen" Weg zu leben, der mich glücklich machen kann.
6. Intellektuelles Wissen ist wertvoller als Erfahrungswissen.
7. Andere wissen etwas, was ich nicht weiß. Sie vertrauen anderen mehr als sich selbst.
8. Das Leben ist logisch.
9. Etwas zu erreichen, bedeutet Glück (egal ob es sich um Schönheit, Gesundheit, Annehmlichkeit, Geld, materielle Dinge, Liebe, Anerkennung, Respekt, Bewußtheit, Erleuchtung oder anderes handelt).
10. Das Ego (das Gefühl des Selbst, verschieden und getrennt von anderen zu sein) muß verteidigt und geschützt werden.

11. Andere sind wertvoller und wichtiger als ich. Ich bin wertlos und nicht wichtig oder nichts wert.
12. Um wirklich gut, liebevoll und offen zu sein, darf ich nie schlecht, haßerfüllt oder verschlossen sein.

Von der sprachlichen Konstruktion her ist eine Vorannahme ein Satz, der wahr sein muß, damit ein anderer Satz einen Sinn ergibt, den ich annehmen kann. Ein Beispiel: „Der Pfau pickte an den Rosen im Garten des Meisters." Wenn wir diesen Satz lesen, werden wir als wahr annehmen, daß es Pfaue, Rosen, einen Meister und einen Garten gibt, daß der Garten dem Meister gehört, daß Pfaue an Rosen picken und daß sowohl Pfaue als auch Rosen im Garten waren.

Der Pfau pickt an den Rosen in einem Garten

Vorannahmen bleiben im allgemeinen außerhalb der bewußten Wahrnehmung und sind bewußten Überlegungen nicht unmittelbar zugänglich. Deshalb wird die aktuelle Gültigkeit der meisten Vorannahmen nie in Frage gestellt.

Wir *vermuten* die Wahrheit einfach unbewußt, um den Sinn dessen zu verstehen, was gesagt wird. Das ist sehr nützlich, wenn die Vorannahme zum Beispiel vorhandenes Selbstvertrauen und aufgebrachten Mut bestärkt; oder wenn sie unser Vertrauen mehrt, daß wir mehr Fähigkeiten haben, als für unser Überleben nötig ist, und daß wir uns mit ihnen ein erfülltes, befriedigendes Leben schaffen können. Diese Überzeugungen können außerhalb unserer bewußten Wahrnehmung bleiben und das Bewußtsein frei machen, damit es sich den Freuden des Lebens widmen kann.

Verborgene Vorannahmen (oder Glaubenssätze) jedoch, die dazu beitragen, daß wertvolle Erfahrungen und Informationen verzerrt oder gelöscht werden, sind eine entscheidende Ursache für menschliches Un-Behagen.

Durch FACTICITY können wir diese verborgenen Vorannahmen, Glaubenssätze und Werte aufdecken und daran arbeiten, sie mit unserem gegenwärtigen Wissen und unseren Informationen in Einklang zu bringen. Wir können außerdem unsere bislang nicht berücksichtigte Erfahrung sowie das Bewußtsein mit einschließen, daß die natürliche Gegebenheit der Gegensätze alle diese Gedanken und Vermutungen über das Leben beeinflußt.

*Und Dein Unbewußtes kann nun mit dieser
Erkundung fortfahren …*
genau so, wie es für Dich richtig ist …
*denn einige Dinge, von denen Du glaubst, daß Du sie nie
schaffen würdest …*
können geschehen …
auf eine Weise, die vielleicht unvorstellbar war …
es ist möglich, sich auf ganz neue Weise zu bewegen …
*mit einer Leichtigkeit, die sich wie ein Aufschwingen
anfühlt …*
wie ein Regenbogen Deiner Gefühle …
frei sein, alle Farben zu entfalten …
die ihren Tanz tanzen …
die so blühen, wie es Deine eigene Art ist …
und in jedem dieser Samen ist eine Blüte verborgen …
noch nicht geöffnet … unsichtbar für das Auge …
und Du kannst erkennen, daß in jeder Erfahrung …
auch der Same für seine andere Seite enthalten ist …
*und mit diesem Wissen kannst Du jetzt noch tiefer
entspannen …*
*und Deinen Fähigkeiten vertrauen, Dich mit dem Leben
zu bewegen …*
und zu fließen wie das Wasser der Flüsse …

vor und zurück ...

in alles hinein und um das herum, was auf seinem Weg
liegt ...

und wenn Du auf Deiner Reise weitergehst ...

kannst Du das Unbewußte einladen, ein neues Verhalten
zu erschaffen ...

das Dich frei macht ...

mit der Veränderung entspannen ...

mit den Gegensätzen tanzen ...

und zulassen, daß die Kreise sich schließen ...

und entspannen, wenn das Ende beginnt ...

und wenn jeder neue Anfang zu Ende geht ...

Wenn es uns möglich geworden ist, uns wirklich ein Leben ohne
Leiden zu kreieren (Leiden im Sinne von Schmerzen um der
Schmerzen willen), dann kann diese Schöpfung leichter gedei-
hen, wenn unsere Denkmuster und das Muster der Gegensätze
(die so zart mit jeder Lebenserfahrung verwoben sind) verstanden werden und zu unserer Entspannung beitragen.

Kapitel 11

Vertrauen –
Ist die „Unfähigkeit zu vertrauen"
erlernt?

… Großes Wissen sieht alles als Einheit.
Geringes Wissen unterteilt in viele …
(Thomas Merton in: *The Way of Chuang Tzu*)

Den meisten Menschen fällt es sehr schwer, sich selbst und ihren
Erfahrungen zu vertrauen. Diese Unfähigkeit ist erlernt, und sie
läßt darauf schließen, daß diese Menschen ihrem Unbewußten
nicht erlaubt haben, sich selbst zu trauen oder sich zu kennen.
Den meisten von uns wurde beigebracht, außerhalb unserer
selbst nach der Bestätigung zu suchen, ob wir recht haben, ob
wir in Ordnung sind oder ob wir auf dem rechten Weg sind. Wie
oft haben wir bereits andere gefragt, ob wir gut aussehen, ob das,
was wir gesagt haben, in Ordnung war, oder ob das, was wir
fühlen, nachvollziehbar oder angemessen ist.

Wenn wir zu denen gehören, die diese von anderen pro-
grammierte Perspektive des Unbewußten akzeptieren, hilft uns

FACTICITY, zunächst nach außerhalb unseres Selbst, in die Natur und auf das übrige Sein zu schauen. Dann bewegen wir uns langsam wieder zurück in uns selbst, indem wir die Erkenntnis von Wundern außerhalb als mögliche Spiegelungen für die Wunder in uns nutzen.

Wenn der winzige Samen den Mut aufbringt und seinem inneren Wunsch entspricht, mehr als ein Same zu werden, wenn er seine Sprossen ausbreitet und die Zustandsform des Samens hinter sich läßt, könnte er von seiner natürlichen Bereitschaft zum Loslassen unterstützt werden. Wir könnten die Zugvögel als Vorbild nehmen. Sie folgen einem unbekannten inneren Instinkt, der sie zu einem ihnen noch unbekannten Ziel führt – und genauso unbeschwert könnten auch wir unserem inneren Wissen trauen.

Wir haben bereits viele der grundlegenden Gegensätzlichkeiten erfahren, auch wenn wir dieses Wissen bisher nicht hinlänglich berücksichtigt haben. Ebenso kann uns bewußt werden, daß auch alle übrige Existenz auf ihre je eigene Art mit diesen Gegensätzen lebt. Und offensichtlich funktioniert das – vielleicht sogar auf eine bessere Art als unsere, da wir bisher das, was wir mögen, dem, was wir nicht mögen, vorgezogen haben. Mit einer solchen neuen Information kann das Unbewußte zu neuen Wegweisern finden, um *anders* mit den Gegensätzen des Lebens umzugehen.

Wenn wir unsere Überzeugungen hinter uns lassen und statt dessen die Möglichkeiten erkunden, zu unserem Wissen zu gelangen, brauchen wir Vertrauen: Vertrauen in unsere eigene Erfahrung – Vertrauen, daß das gesuchte Wissen durch Erfahrung erreichbar ist – Vertrauen, daß wir als Menschen alles haben, was wir brauchen, um uns dem Leben zu öffnen, so wie es wirklich ist – Vertrauen, daß da ein Prozeß ist, in dem auch wir mitten drin sind. Indem wir wieder und wieder die gegebenen Gegensätze erfahren, entwickeln wir langsam Vertrauen in diese geordneten und kreativen Muster und in das Vorhandensein eines Prozesses, von dem auch wir ein Teil sind.

Überzeugungen setzen bestimmte Dinge als wahr voraus, aber wir können nicht sicher sein, ob das wirklich so ist. Das haben Überzeugungen so an sich. Solche Vorannahmen wirken wie ein Filter unserer Erfahrungen und veranlassen uns, nur das zu sehen, was wir sehen wollen.

Wirkliches Vertrauen ist etwas anderes, es beruht ausschließlich auf Erfahrungswissen, das wir *bis zum gegenwärtigen Zeitpunkt* gewonnen haben. Die sich daraus ergebenden Annahmen enthalten *keine Garantie* dafür, wie sich die Zukunft entwickeln wird. Sie deuten an, daß die Zukunft sich wahrscheinlich, wie schon in der Vergangenheit, nach einem bestimmten Muster entwickeln wird; aber sie lassen auch erkennen, daß dies nicht der Fall sein könnte. Wir können es einfach nicht sicher wissen. Auf diese Weise bleiben wir frei, *alle* unsere Erfahrungen nach nützlichen Erkenntnissen zu durchforschen. Damit kann sich der Geist öffnen, die Gegenwart zu erfahren, und er kann eine neue Haltung zum Forschen und zum Lernen entwickeln.

Und es ist erstaunlich, wie die Vögel dieses innere Gefühl kennen ...
diesen inneren Drang ...

zu starten und den Flug zu wagen ...
alles Bekannte hinter sich lassen ...
zu einem noch unbekannten Bestimmungsort reisen ...
der unsichtbar ist und dennoch fühlbar ...
und die Vögel folgen einfach ihrem inneren Wissen ...
daß es an der Zeit ist, sich aufzuschwingen ...
und in ein neues, nie erfahrenes Land zu fliegen ...
und Dein Unbewußtes kann erkennen ...
daß jene Erfahrungen Deine Erfahrungen sind ...
Du erlaubst Dir, bewußt zu sein dafür, was Du bereits
weißt ...
und läßt diese Erkenntnis weiterhin in Dir aufsteigen ...
und das Unbewußte ...
nutzt die Zeiten des Lernens , die Du erst jetzt
berücksichtigst ...
es nutzt sie, um weiterzuschreiten ...
und entwickelt Mut und Klarheit...
zum Weiterreisen ...
wohin Dein innerer Ruf Dich auch bringen mag ...
vertraue auf Deinen Reichtum an erfahrenem Wissen ...
und entspanne Dich ... jetzt ...
vertraue auf Deine Fähigkeit, Dich vorwärtszubewegen ...
und zu lernen ...

Die Erfahrung, daß sich diese grundlegenden Gegensätze überall und immer wieder im Leben zeigen, kann unsere innere Bereitschaft stärken, daß wir uns darum bemühen, das Leben so zu nehmen, wie es ist. Sie kann uns helfen, unsere eigene Fähigkeit zu entdecken, im Einklang mit dem Leben zu sein. Wir haben ja bereits erfahren, daß es nichts bringt, gegen das Leben zu kämpfen. FACTICITY ist für diejenigen gedacht, die einen anderen Weg ausprobieren möchten – für diejenigen, die diesen Vertrauenssamen stärken möchten, im Vertrauen darauf, daß das Leben ein Prozeß und wir ein Teil dieses Prozesses sind.

Vertraue dem Lebensfluß

Das Unbewußte muß davon überzeugt werden, daß es angemessen und nützlich ist, wenn es auf sich selbst vertraut und wenn es die Erfahrungen nutzt, die es bereits besitzt.

Wenn die Informationen, die das Unbewußte erhält, vollauf überzeugend sind, akzeptiert es unser geplantes Ziel, und unsere Einstellung zum Leben kann sich verändern.

Da wir alle einzigartig sind, werden auch die Veränderungen einzigartig sein. Es ist entscheidend, daß Sie daran denken, daß es keinen bestimmten Weg für diese Veränderungen gibt – außer Ihren eigenen einzigartigen Weg.

Und Du kannst beginnen zu erkennen ...
daß Du Du selbst bist ...
scheinbar gleich und scheinbar verschieden ...
und andere Menschen sind sowohl ähnlich ...
als auch anders ...
und das ist in Ordnung ...
Du kannst ganz entspannt Du selbst sein ...
und Dich mit dem Fluß Deiner eigenen Bewegung
bewegen ...
Deine Einzigartigkeit erkennen ...
denn schließlich haben alle Menschen zwei Augen und
eine Nase ...

zwei Ohren und einen Mund …
eine Stirn und Wangen und ein Kinn …
aber keine andere Kombination ist genau so wie Du …
und das macht Dein Gesicht einzigartig …
und es ist gerade diese Einzigartigkeit …
all die Dinge, die Du magst oder nicht magst …
die Dich ausmachen …
Du und Dein Unbewußtes …
können jetzt die Grundlagen schaffen …
um diese Einzigartigkeit anzuerkennen …
und tiefe Achtung zu empfinden …
für Deinen einmaligen Ausdruck des Lebens …
anfangen, ein gutes Gefühl zu bekommen …
zu wissen …
daß es Dich nur einmal gibt …
und daß das Leben vielleicht will …
daß diese Einzigartigkeit hervortritt …
und voll erblüht …
daß dieser Duft …
der unverwechselbar Dein eigener ist …
mit dem Wind tanzt …
und es ist schön, sich zu erinnern …
daß alles zu seiner Zeit erblüht …
und Dein Unbewußtes kann sich soviel Zeit nehmen …

wie es braucht …
es kann die Erfahrungen durchgehen, die jetzt Deine
eigenen sind …
um jene Wegweiser aufzustellen …
die Dich frei machen können …
sich in einem neuen Licht sehen können …
sich selbst ganz neu hören …
sich mit neuen Gefühlen spüren …
denn Du bist auf der ganzen Welt einzigartig …
und daran gibt es nichts zu rütteln …

Unsere Beziehung zu den grundlegenden Gegensätzen zeigt sich darin, ob wir ein leichtes Leben oder ein Leben voller Unbehagen führen.

Wir sind uns nicht bewußt, daß wir die Kraft und die Fähigkeiten besitzen, um mehr zu tun als nur zurechtzukommen. Wir wissen nicht, daß wir bereits haben, was wir brauchen, um das Leben so zu nehmen, wie es ist. Wenn wir uns dieser Stärken und Fähigkeiten bewußt werden, lernen wir, darauf zu vertrauen, daß *unsere* Art, uns dem Leben hinzugeben, ganz natürlich aus unserem Innern kommen wird. Wie das sein wird, muß unbekannt bleiben, bis es da ist. Wir alle sind Individuen, und wir können lernen, darauf zu vertrauen, daß wir unsere Einzigartigkeit mit unserer eigenen Kreativität ganz natürlich zum Ausdruck bringen werden.

Kapitel 12

Trennung der Realitäten – Körper, Geist und Seele

… Wache Menschen haben eine gemeinsame Welt;
schlafende Menschen haben eine je eigene private Welt …
(Heraklit)

Die meisten Menschen akzeptieren den Gedanken, daß unsere menschliche Natur aus Körper, Geist und Seele besteht. Obwohl diese drei sehr eng miteinander verknüpft und verwoben sind, bringen sie unterschiedliche Erfahrungen und Wahrnehmungen hervor. Besonders der spirituelle, sich erweiternden Lebenserfahrungen öffnende Bereich wurde immer als eine völlig andere Dimension unserer Natur betrachtet; man sah in ihm keine Fortsetzung der Erfahrungen des Körpers und des Geistes, obwohl eine Verbindung vorhanden schien.

Die meisten von uns hatten das eine oder andere Mal Erfahrungen, die sie als spirituell bezeichnen könnten. Und es entspricht der menschlichen Natur, daß wir dann versuchen, diese Erfahrung in den Bereich des Verstandes zurückzubringen, damit wir uns mitteilen und erinnern können. Wir tun dies, indem wir diese Erfahrung in unserem Gedächtnis verankern und eine Repräsentation in unserem Geistes schaffen; wir bringen es zum Ausdruck, wie es uns bereits vertraut ist.

Erfahrungen und Wahrnehmungen der Seele können jedoch mit den Fähigkeiten des Verstandes nicht erfaßt werden, ohne auf irgendeine Weise verzerrt zu werden. Die meisten von uns hatten Erfahrungen, die einfach nicht mit Worten zu beschreiben sind. Und gleichgültig, wie sehr wir uns auch bemühen, es gelingt uns nicht, mit Worten zu erfassen, was wir erlebt haben und mitteilen möchten.

FACTICITY stützt sich auf die Erkenntnisse spirituell Suchender und auf ihre Reaktionsmuster. Die Mystiker betonen, daß „Ganzheit" die eigentliche Realität sei und daß „Dualität" die trennende Realität des Körper-Geist-Systems widerspiegele.

NLP bietet ein Erklärungsmodell dafür, wie *subjektive* Erfahrung geschaffen wird. Aus der Sicht von NLP werden unsere spirituellen Erfahrungen, wenn sie einmal in den Geist gelangt sind, von den Überzeugungen und Erfahrungen eben dieses Geistes beeinflußt und gefärbt. Das ist teilweise der Grund dafür, daß so viele von uns spirituelle Erfahrungen haben und dann sehr unterschiedlich darüber berichten.

Durch FACTICITY wird uns immer mehr bewußt, daß die unbewußten Filter des Geistes jede Erfahrung von Körper und Geist aufspalten *müssen*, um so die Wahrnehmung der Dualität oder der Gegensätze möglich zu machen. Außerdem können wir durch FACTICITY die Verwirrung auflösen, die sich ergibt, wenn wir versuchen, mit dem Geist eine Erfahrung wiederzugeben, von der wir wissen, daß sie tatsächlich eine „ganzheitliche" war, daß dies aber durch den Geist nur sehr unzulänglich wiedergegeben wird.

Die uralten Traditionen der Gurus, der Zen-Meister und der Weisen, die völlig ruhig dasitzen und Situationen schaffen, die den spirituell Suchenden von seinem Geist befreien, erhalten angesichts dieser eher wissenschaftlichen Erkenntnisse, *wie* der Geist funktioniert, einen neuen Sinn. Wir können uns etwas entspannen angesichts der Erkenntnis, daß (egal, was wir über Ganzheit, Verbundenheit und das Nichts im spirituellen Bereich erkannt haben) der Geist unweigerlich nur Geteiltes (Dualität) wiedergeben kann (durch Worte, Visionen, Gedanken und Gefühle). Nicht ohne Grund gilt die Stille als bedeutsamer Weg für die Reise durch den Geist und über ihn hinaus; sie ist ein universeller mystischer Bezugspunkt.

Und während Du fortfährst, diese Worte zu lesen …
kann in Dir ein Bewußtsein aufsteigen …
für den Raum …
der die Buchstaben einlädt, eine Form anzunehmen …
wie die Leere der Fülle Platz macht …
wie die Bedeutung klarer wird …
wie es Dir einfacher wird, zu begreifen …
so wie die Stille hinter den Klängen …

frei wird, um mit neuer Stimme zu sprechen ...
in ihrem pulsierenden Rhythmus ...
der zu fühlen ist wie die Tiefe des Meeres ...
still und ruhig ... so daß jede Welle ...
neu und frisch entstehen kann ...
ein Teil des Meeres und dennoch getrennt ...
für eine Weile ...
und Dein Unbewußtes kann jetzt erkennen ...
die Welle gehört zum Meer ...
so wie die Klänge zur Stille gehören ...

NLP bietet ein wertvolles und nützliches Modell, wie der Geist funktioniert, und es kann dazu beitragen, sowohl spirituelle Erkenntnissen wie auch geistige Gesundheit zu erreichen. Bei ihren Untersuchungen der menschlichen Subjektivität haben Richard Bandler, John Grinder, Robert Dilts und andere Entwickler und Anwender des NLP bestimmte Muster und Prozesse entdeckt, die beständig auf der unbewußten Ebene ablaufen. Und diese unbewußten Prozesse machen jede unserer Erfahrungen unverwechselbar zu unserer eigenen.

NLP unterscheidet zwischen der Landkarte und dem Gebiet – das kann zu einer sehr wichtigen und bedeutsamen Erkenntnis führen. Die Karte im Handschuhfach unseres Autos ist ganz eindeutig nicht das wirkliche Gebiet, durch das wir reisen. Sie gibt uns statt dessen Hinweise und Erkennungsmerkmale, die uns das Reisen erleichtern, und sie gibt uns ein Gefühl dafür, wohin wir reisen.

Genauso hat jeder von uns eine mentale Karte, um durch das Gebiet des Lebens zu reisen, und diese Karte ist nicht wirklich das Gebiet unseres Lebens. Die direkte Erfahrung des Gebietes kann man nicht machen, wenn man die Karte studiert. Wir können die Karte als Leitfaden benutzen, aber ein Reisender kann unmittelbar sehen, daß das Gebiet ganz anders ist als jene Linien und Zeichen auf dem Papier.

Die Karte ist nicht das Gebiet

Mit FACTICITY läßt sich erkennen, daß sich das Gebiet unseres Lebens unserer direkten Erfahrung erschließt, sobald wir in den spirituellen, für erweiterte Lebenserfahrungen geöffneten Bereich unseres Wesens einsteigen. So wie Reisende ihre Aufmerksamkeit von der Karte hin zu dem dort abgebildeten Land wenden, so können Menschen auf der Suche nach inneren Erkenntnissen und mentaler Gesundheit lernen, ihre Aufmerksamkeit zu verschieben. Statt sich an ihrer geistigen Karte zu orientieren, auf der ihre eigenen Überzeugungen und Meinungen markiert sind, genießen sie mit Hilfe ihrer sinnlichen Wahrnehmung die Erfahrung ihrer Reise direkt.

Dieses Bündeln der Aufmerksamkeit wird durch Meditationspraxis bewußt kontrolliert und gestärkt. Wir können dann unsere Aufmerksamkeit von bestimmten Reaktionen und Einsichten des Körper-Geist-Systems abziehen (solche, die uns nicht nützlich und nicht förderlich sind) und damit Platz schaffen für Einsichten auf einer höheren Ebene (also Einsichten, die die Grundlage bilden können, damit wir weiter und aus unserem Geist heraus in andere Dimensionen unserer Natur vorstoßen).

Es ist eine Fähigkeit, den Geist und die Emotionen (die auf die eigene Persönlichkeit bezogen sind und vom Geist verursacht werden) auf eine gesunde Art „beiseite zu lassen" und so Platz zu machen für höhere Einsichten. Diese Fähigkeit läßt sich entwickeln, indem wir unsere eigenen geistigen Muster erkennen und unsere Aufmerksamkeit von ihnen weg zu den sinnlichen Erfahrungen des Augenblicks hin verschieben.

Und man ist erstaunt, wenn man sich bewußt
macht ...
daß das Zentrum eines Wirbelsturmes immer ruhig ist ...
unberührt von den wütenden Kräften des Windes ...
stürmisch in ihrer Bewegung ...
und das Zentrum bewegt sich mit dem Sturm ...
wenn er anhebt, ist auch das Zentrum da ...
wenn er sein Toben und Stürmen entfaltet ...
ist das Zentrum da ...
ruhig ... unberührt ...
und wenn der Sturm stirbt ...
bleibt das Zentrum ...
um die Winde aufzunehmen, und sie lösen sich auf ...
hinein in die wartenden Arme der Atmosphäre ...
die immer da ist ...
so ist auch Deine Aufmerksamkeit wie das ruhige Zentrum
eines Sturmes ...
nachdem sich der Wirbelsturm auflöst ...
in den Himmel hinein sich aufgelöst hat ...
Dein Zentrum bleibt ...
so ist es auch beim Meer ...
es ist voller Salz in seinem Zentrum ...
sein Salz ist auch an den Küsten ...

denn wo immer das Meer ist ...
umgibt und verschlingt es das Leben und hüllt es ein ...
das Leben, das in ihm schwimmt ...
und überall außerhalb von ihm ist die Luft salzig ...
und meinst Du, daß die Fische, die im Meer leben ...
durstig sind? ...
oder daß sie sich ihrer Umgebung bewußt sind, die ihre
Heimat ist? ...
das Leben trägt und nährt sie ...
jeden Augenblick dort im Meer ...

Viele Suchende berichten, daß sie verwirrt und sogar verzweifelt darüber sind, daß immer wieder Gedanken und Gefühle das behindern, was sie ihre Erleuchtung nennen. Sie mißverstehen diese andauernden mentalen und emotionalen Bewegungen zwischen den Extremen als einen Hinweis, daß Fortschritte ausbleiben, anstatt sie als den natürlichen Zustand ihres Geistes zu betrachten. Eine solche Erkenntnis führt natürlich zu Verwirrung und/oder zu Verzweiflung, wenn der Suchende vergißt, daß der spirituelle, für erweiterte Lebenserfahrungen offene Bereich, den er sucht, jenseits des Geistes und nicht innerhalb von diesem zu finden ist.

Die meisten Anleitungen zur Meditation verkünden, daß ein ruhiger, schweigender Geist die Vorbedingung ist, um den gewünschten Zustand zu erreichen. So nehmen wir allgemein an, daß Ruhe und Schweigen entstehen müssen, wenn wir alle Gedanken loswerden (speziell schlechte Gedanken), anstatt anzunehmen, daß Stille entsteht, sobald wir die Dinge (auch den Geist) *sein* lassen, wie sie sind.

Der Geist läßt sich nicht anhalten, indem man schlechte Gedanken wegschiebt und gute kultiviert (das würde den Mechanismen des Geistes und der natürlichen Anwesenheit von Gegensätzen entsprechen), aber wenn man sich einfach auf den Fluß sowohl der guten wie der schlechten Gedanken einläßt, erhält man vielleicht das gewünschte Ergebnis. (Wenn Sie es praktizieren, werden Sie es erfahren: Inhaltsfreie Meditation erhöht tatsächlich die Wahrnehmung und verlangsamt den Geist. Es kann auch sein, daß man durch Meditationsübungen an Distanz gewinnt, und es kann sein, daß sich faktisch die wahrnehmbare Prozeßgeschwindigkeit verändert.)

Unsere persönlichen Seelenlandkarten, die Fragen, die wir stellen, und die Antworten, die sich unbewußt innerlich festsetzen, sind die Grundlage dafür, wie wir fast alles im Leben wahrnehmen und wie wir reagieren. Wenn wir uns selbst und unsere Welt verwandeln wollen, ist es nur vernünftig, daß wir uns bewußt werden, wie wir zu unserer spirituellen Natur und zu unseren spirituellen Einsichten stehen. Und während wir mit der Anwendung von NLP-Trancen und Ericksonscher Hypnose experimentieren, um unser Bewußtsein für die gegebenen Gegensätze zu erweitern, haben wir die Gelegenheit, unseren Geist im Dienste der tiefsten Erkenntnisse unseres Seins zu üben.

Kapitel 13

Die Dualität der äußeren Form – Jetzt sichtbar, jetzt unsichtbar

… In der dualistischen Ausformung einer Gestalt sind
nie beide Welten gleichzeitig sichtbar; wenn Du die eine
sehen willst, mußt Du die andere vergessen …
(Osho in: *Om Mani Padma Hum*)

Die westliche, auf aristotelischer Logik aufbauende Denkweise
behauptet, daß A nur A und nicht B sein kann und daß B nur B
und nicht A sein kann. Mit anderen Worten, A ist entweder A
oder B, aber es kann nicht beides sein. Die östliche Denkweise
hält dagegen, daß A nicht nur A sein kann, es kann auch B sein,
oder A kann sowohl A als auch B sein. Das ist für den westlichen
Verstand im allgemeinen eine starke Zumutung. Wir arbeiten mit
FACTICITY jedoch daran, genau diese Ansicht als neue Möglichkeit einzuführen.

Vielleicht haben Sie die unten folgenden Illustrationen schon einmal gesehen – sie bilden bestimmte Elemente der visuellen Wahrnehmung ab. Wenn Sie sie unverwandt anschauen, wechselt die
Gestalt, und das Bild, das Sie sehen, verändert sich. Auf dem

ersten Bild sehen Sie zuerst entweder eine alte Hexe oder ein schöne junge Frau. Wenn Sie länger hinsehen, schiebt sich der Hintergrund in den Vordergrund, und das Gegenbild erscheint. Wie sehr Sie sich auch bemühen, Sie können die alte Hexe und das schöne Mädchen nicht gleichzeitig sehen, weil sie *mit den gleichen Linien in unterschiedlicher Kombination gezeichnet wurden.*

Im zweiten Bild sehen Sie zuerst entweder zwei Gesichter, die sich anschauen, oder eine Vase. Betrachten Sie es länger, tritt wieder der Hintergrund in den Vordergrund, und das andere Bild tritt hervor. Wieder können Sie nicht beide Bilder zur gleichen Zeit sehen. Jede Ansicht macht der anderen Platz, eine jede bleibt hinter der anderen verborgen, sobald sie sich Ihnen zeigt.

Hexe oder schöne junge Frau? Vase oder Gesichter?

120

Diese Erfahrung spiegelt das grundlegende Dilemma des Menschseins wider. Wir wissen, daß beide Dimensionen unserer Natur vorhanden sind (die spirituelle und die materielle, die innere und die äußere), aber wir scheinen von unserem Wesen her nicht in der Lage zu sein, beide gleichzeitig zu erfahren; und wir sind irgendwie gezwungen, eine der anderen vorzuziehen.

Wenn jedoch das Unbewußte eine neue Wahlmöglichkeit erhält und so funktioniert, daß beide Seiten da sein können, ohne daß eine der anderen vorgezogen wird, können wir dasitzen und zusehen, wie die Bilder sich verschieben und verändern – in ihrer eigenen Zeit, auf ihre Weise. Es geschieht dann ohne Anstrengung und ohne jegliche Anspannung, einem Bild den Vorzug zu geben. Das leichte natürliche Fließen zeigt gerade hier die natürliche Anwesenheit der Gegensätze. Was Vordergrund war, ist jetzt Hintergrund. Was Hintergrund war, ist jetzt Vordergrund. Und Sie, die Beobachterin oder der Beobachter wissen, daß dieser Prozeß immer weitergehen wird, so daß Sie sich währenddessen entspannen können.

*U*nd sogar das Pendel an einer alten Großvateruhr
weiß ...
wie es diesen Schwung nutzen kann ...
während es von einer Seite zur anderen schwingt ...
es erlaubt sich den Schwung und sammelt sich ...
und in dem Augenblick, da das Pendel den größten

Ausschlag erreicht ...
läßt es los und erreicht ganz leicht die andere Seite ...
und sogar, wenn sich die Energie auflöst ...
die sich angesammelt hatte ...
um die Bewegung zu unterstützen ...
hin zur anderen Seite ...
sammelt sich eine neue Energie an ...
die das Pendel wieder zurücktragen kann ...
und so den Schwung zu seiner Vollendung führt ...
sie bewegt sich weiter ...
und tanzt dabei ihren Tanz...
wie die Flut, die an das Ufer rollt ...
und wieder hinausfließt ...
ein Zyklus ...
in dem eine Seite von der anderen abhängt...
jede Seite läßt zu, daß ihre Existenz ...
sich aufgehoben fühlt im Schoße dessen, was ist ...
während das Gegenteil Form annimmt ...
und obwohl es viele Tage gibt ...
an denen es so aussieht, als würde es nie mehr Nacht ...
setzt sich der Zyklus fort ...
und der Kreis vervollständigt sich wieder und wieder ...

Mit FACTICITY nutzen wir den grundlegenden Richtungsfilter des Geistes, damit er uns ermöglicht, uns in *allem* so zu akzeptieren, wie wir uns wahrnehmen: sowohl gut als auch schlecht, wach und schlafend, freundlich und grausam, liebend und voll Haß, schön und häßlich, mit anderen gemeinsam und alleine. Wir bewegen das gesamte Musterrepertoire unseres Denkens aus einem „entweder/oder"-Muster heraus zu einem neuen Reaktionsmuster, das uns „sowohl/als auch" sein läßt. All das zu sein, was wir sind, ohne eine Erscheinungsform der anderen vorzuziehen, erlaubt uns schließlich, uns in jedem Augenblick anzunehmen und wirklich die Verwandlungskräfte von Selbstannahme und Liebe zu erfahren.

Wenn das Unbewußte mit seiner ihm eigenen Intelligenz und Sensibilität erkennt, wie vorteilhaft es ist, sich selbst angesichts vorhandener Gegensätze zu entspannen (da sie ein wesentlicher Teil des Lebens sind), kann es seine Leitlinien zum Handeln und Reagieren verändern:

- statt sich vom eigenen Gewissen leiten zu lassen: handeln und reagieren durch Bewußtheit
- statt sich von der Logik leiten zu lassen: angemessen handeln und reagieren
- statt sich von Glaubenssätzen leiten zu lassen: handeln und reagieren aufgrund eigener Erfahrungen.

Wenn wir einerseits erkennen, daß das Gewissen den Lehrsätzen entspricht, die wir von Mama, Papa und den Verwandten, von Pfarrern und Lehrer übernommen haben, und wenn wir andererseits Bewußtheit als jenen natürlichen Zustand der Aufmerksamkeit annehmen, der entsteht, wenn wir unser Gleichgewicht

in unserem Zentrum gefunden haben, dann wird auch das Unbewußte anerkennen können, daß Bewußtheit ihm mehr Raum
und Klarheit bietet. Aus diesem Raum heraus und mit dieser
Klarheit kann es handeln und reagieren.

Wenn das Unbewußte langsam akzeptiert, daß *nicht* jede Erfahrung im Leben logisch und rational ist, wird es zunehmend eindeutig angemessener (und deshalb logischer) reagieren. Und es
wird akzeptieren, daß das Leben sowohl rational *als auch* irra-
tional ist. Die Konditionierung, die wir allgemein erfahren
haben, macht uns glauben, daß das Leben immer Sinn – und zwar
logischen Sinn – machen sollte. Wenn wir aufgrund unserer
Konditionierung und durch unseren Geist versucht sind, unsere
Erfahrung in diese Form zu zwingen, stoßen uns eben diese
Konditionierungen und unser Geist zurück in das „entweder/
oder"-Muster. Mit FACTICITY arbeiten wir daran, unser Verständnis auf der *unbewußten* Ebene zu erweitern, um die natürlichen Gegensätze des Lebens als ein „sowohl/als auch" zu
begreifen – das heißt in diesem Fall, sie sowohl als logisch als
auch als unlogisch zu begreifen.

Wenn wir genügend unberücksichtigte Erfahrungen zusammen-
getragen haben, die die unerwünschten alten Überzeugungen in
Frage stellen, reicht bereits ihr bloßes Vorhandensein, um die
Macht der alten Überzeugungen zu brechen, und es können neue
Reaktionsweisen entstehen.

Das menschliche Dilemma ergibt sich durch das Vorhandensein
einer äußeren Welt und einer inneren Welt – oder durch das
Zusammenwirken von einerseits Körper und Geist und andererseits spirituellem Bereich (Seele, Bewußtsein). Es liegt am bio-

logisch wichtigen Richtungsfilter des Geistes, daß wir unbewußt dauernd einen Bereich dem anderen vorziehen. Traditionell haben die westlichen Gesellschaften den äußeren dem inneren Bereich vorgezogen, während die östlichen Kulturen den inneren gewählt haben, was jedoch dazu führte, daß beide auf ihre Weise an einem krassen Ungleichgewicht litten.

Aufgrund der Erkenntnisse über die Gegensätze erscheint es einleuchtend, daß beide jeweils akzeptiert und geschätzt werden müssen und daß es darauf ankommt, zu entdecken, wie diese anscheinend entgegengesetzten Realitäten einander in Wirklichkeit ergänzen und gegenseitig stützen.

Die Notwendigkeit, die spirituellen und die materiellen Anteile unserer Natur ins Gleichgewicht zu bringen, wird offensichtlich, wenn wir wagen, unsere Verzweiflung und die der ganzen Welt wahrzunehmen. Bis jedoch das Unbewußte umgelernt hat – bis es sich *weg*bewegt davon, eine Seite der anderen vorzuziehen, und sich auf eine bedingungslose Annahme beider Seiten *zu* bewegt –, solange werden wir immer wieder den Kampf verlieren, wenn wir das, was wir mögen, dem gegenüberstellen, was wir nicht mögen.

Und es ist gut zu wissen ...
daß das Gleichgewicht weiterbestehen kann ...
und daß Dein Unbewußtes weiß ...
daß sich Gegensätze anziehen ...

125

und der Balanceakt beginnt ...
in dem Du die natürlichen Bewegungen zuläßt ...
wie ein Jongleur, der jongliert ...
und irgendwann versteht der Jongleur...
was seine Fähigkeit bewirken kann ...
er nutzt seine Sehkraft ...
die er vielleicht vorher nicht als seine eigene kannte ...
es ist eine besondere Sehkraft, die ihn Bewegungen sehen
läßt ...
ein Mensch kann geradewegs nach vorn schauen ...
und gleichzeitig von den ihn umgebenden Bewegungen
lernen ...
er sieht ihr Vorhandensein ...
und erlaubt ihnen, da zu sein ...
er lernt, die Bälle in der Hand zu halten...
und er erlaubt ihnen, von einer Hand in die andere zu
wechseln ...
sich in einem Rhythmus bewegen ...
irgendwann wird der Rhythmus des Jonglierens fühlbar ...
und der Mensch kann mit diesen Bällen im Gleichgewicht
bleiben ...
mit dem beständigen Fluß von Bewegen und
Schwingen ...
und auch Du bleibst im Gleichgewicht Deiner Mitte ...

wie das Zentrum eines Sturms ...
gelassen und einfach nur da ...
und Du läßt zu, was kommen wird ...

Es bleibt eine Herausforderung unserer Zeit, herauszufinden, *wie* wir die Erkenntnisse, Einsichten und Bedürfnisse unserer spirituellen Natur in Übereinstimmung bringen können mit den Erkenntnissen, der Erfahrung und den Bedürfnissen unserer materiellen Natur. Es scheint, als müßte der „neue Mensch" seine rein biologische Natur überwinden, als müßte er neue Ebenen der Wahrnehmung zulassen und mit ihnen neue Wegweiser in die Zukunft finden.

Als Kinder demonstrieren wir unsere angeborene Intelligenz und Sensibilität, indem wir unsere Persönlichkeit und unsere Gewohnheiten unserem Bedürfnis zu leben anpassen. Uns allen gelingt es, uns an die Umgebung unserer Kindheit anzupassen, und auch wenn die übernommenen Muster ungesund oder scheinbar unnatürlich sind, zeigt sich rückblickend, daß sie zu ihrer Zeit eine intelligente Wahl waren.

Erkennt das Unbewußte, daß Gegensätze das grundlegendste Muster im Leben sind, reagiert es intelligent und sensibel, und auf einer höheren Ebene reagiert es mit einer Veränderung des Bewußtseins.

Kapitel 14

Linguistische Fallen und sprachliche Einschränkungen

… Erkenne Bewegung als Stillstand und den Stillstand
als Bewegung, und beides verschwindet, sowohl die
Bewegung als auch der Zustand der Ruhe …
(Sengsten, dritter Zen-Patriarch)

Die Sprache scheint einen großen Anteil daran zu haben, daß für Körper und Geist die Dualität erfahrbar bleibt. Tatsächlich ist es linguistisch unmöglich, etwas mitzuteilen, ohne unbewußt einen Mechanismus in Gang zu setzen, in dem etwas verglichen wird. Und ein Vergleich setzt die Annahme voraus, daß es Dinge gibt, die unterschiedlich sind. Licht hat keine Bedeutung, wenn kein Bezug zur Dunkelheit gegeben ist. Oben hat keine Bedeutung ohne Bezug zu unten. Der Himmel bedeutet nichts ohne vielleicht den Bezug zur Hölle.

Der Verstand stellt den Bezug zu beiden Extremen her, aber er tut das aus einer Perspektive des entweder/oder – und das führt dazu, *daß* eine Wahl getroffen wird. Mit FACTICITY bemühen wir uns, diese Beziehung dahingehend zu ändern, daß beides akzeptiert wird, so daß es möglich wird, *nicht* zu wählen – und somit eine neue Palette möglicher Reaktionen zur Verfügung zu haben.

Unser Ziel ist, dem Kopf die neue Chance zu geben, *nicht* zu wählen. Wir können die treibende Kraft des geistigen Richtungsfilters so einsetzen, daß sie uns nicht mehr nur zu einer Erfahrung hin oder von ihr weg bewegt, sondern daß sie uns sowohl zu der spezifischen Erfahrung hinbringt, in der wir beide Teile akzeptieren, also auch hin zu der spezifischen Erfahrung, das eine oder das andere zu wählen.

Vielleicht wußtest Du noch nicht ...
daß ein Mensch viel Zeit damit verbringen kann ...
eine Münze zu werfen ...
er weiß, daß fünfzig Prozent der Zeit der Kopf oben sein wird ...
und fünfzig Prozent der Zeit die Zahl oben sein wird ...
und oft vergißt der Mensch dabei ...
daß eine Münze drei Seiten hat ...
da sie auch noch einen Rand hat ...
ausgewogen zwischen den beiden ...
und die zwei Seiten verbindend ...
und dennoch ...
unberührt davon, was Kopf oder Zahl ist ...

unbekümmert, auf welche Seite die Münze fällt ...
denn der Rand zwischen den beiden ist ausgewogen mit
beiden Seiten verbunden ...
und dennoch frei, er selbst zu bleiben ...
er ist unberührt ...
von diesem Spiel um Kopf und Zahl ...
und dennoch immer bereit für das Spiel ...

„Für den Frieden kämpfen", „ein Soldat Gottes", „das Verlangen nach Frieden", „kämpfen, um loszulassen": All diese Wendungen spiegeln unseren unbewußten Prozeß wider, mit dem wir die natürliche Anwesenheit der Gegensätze als ein permanentes und unveränderliches Muster leugnen. Und dieser Prozeß vollzieht sich solange, wie *wir dem Leben mit unserem Verstand begegnen.*

So wie die Sprache die Erfahrung der Dualität bewahrt, kann sie auch helfen, unsere neue Wahlfreiheit zu ermöglichen. Die hypnotische Technik der Apposition („Beifügung") von Gegensätzen, dient uns hier als Modell, von dem wir lernen können. Eine kühle Wärme, eine kalte Hitze, eine bewegte Stille, eine erhöhte Tiefe, eine starre Berührung, eine blindmachende Vision, ein leuchtendes Halbdunkel, ein schreiendes Schweigen, eine laute Stille, eine schweigende Stimme – all dies ist Ausdruck von anscheinend entgegengesetzten Erfahrungen. Es bringt den Geist durch seine Zusammenstellung in Augenblicke der Verwirrung, da er normalerweise entgegengesetzte Erfahrungen nicht auf diese Weise organisiert.

Der Gebrauch dieser linguistischen „Fallen" eröffnet dem Verlauf des FACTICITY-Prozesses eine neue Möglichkeit: Anscheinend bestehende Gegensätze werden in der Beschreibung derselben Erfahrung nebeneinander genannt. So entstehen verwirrende Begriffe, die dann in einen neuen Kontext gebracht werden. Komplementarität (zusammengehörende Gegensätze auf semantischer Ebene) und Akzeptanz werden als neue Blickwinkel erforscht, die psychologisch sinnvoll sein könnten. Dadurch wird gleichzeitig die Wahrscheinlichkeit erhöht, daß das Unbewußte seine Energien und Bestandteile neu organisiert und für die neue Option bereitstellt.

Aus Untersuchungen ist bekannt, daß in die Struktur des Nervensystems ein Ausgleichmechanismus eingebaut ist, der zwischen gegensätzlichen Systemen wirksam wird. Die Apposition der Gegensätze und andere hypnotische Sprachmuster helfen beim Ausbalancieren von anscheinend entgegengesetzten psychologischen Erfahrungen – dabei entfällt die Notwendigkeit, sich bewußt um einen Ausgleich zu bemühen. Es wird so nicht nur eine neue Möglichkeit geschaffen, beide Extreme zu akzeptieren und zu einem Gleichgewicht zwischen ihnen zu finden, sondern es wird auch eine natürliche Reaktion des Nervensystems gestärkt, die selbst immer wieder das Gleichgewicht herstellt. Und diese Reaktion kann genutzt werden:

Wird sich das Unbewußte bewußt, daß beide Extreme notwendig sind, daß sie einander ergänzen und sich gegenseitig für ihre je eigene Existenz brauchen, beginnt es, paradoxe Erfahrungen zu sammeln. In der konkreten Erfahrung meint man zum Beispiel, ein mentaler „Graben" tue sich auf oder die innere Orientierung sei überbeansprucht und breche gleich zusammen. So wie wir lernen, die Energie dieser inneren Ausrichtung so zu lenken, daß sie uns *hin zu* der Erfahrung von „sowohl/als auch", und *weg* von „entweder/oder" treibt, werden Erfahrungen wie die eines mentalen „Grabens" seltener. Uns werden im Verlauf immer mehr Erfahrungen zugänglich, bei denen wir unsere bloße Aufmerksamkeit und unsere Bewußtheit einsetzen, ohne daß wir urteilen oder automatisch reagieren.

Und während der stille Klang dieses Wissens …
sich niederfallend in unserem Inneren erhebt …
und seine erhöhte Tiefe sprechen läßt …
zeigt sich weiterhin …
die rauhe Ausgeglichenheit der Reise …
die es möglich macht …
daß dieses offene Verschließen …
mit seiner verengenden Ausdehnung fortfährt …
so wie die bewegliche Ruhe …
sich nach außen hinein erstreckt …

zu noch tieferen Höhen des Verständnisses ...
ohne Urteil ...
ohne Vergleich ...
Du kannst jetzt bequem ausruhen und entspannen ...

Mit FACTICITY wird bei der Arbeit mit veränderten Bewußt-seinszuständen großzügig Gebrauch von hypnotischen Sprach-mustern gemacht. Dazu gehören die transderivationale Suche (siehe Glossar *TDS*), gleiche Worte mit verschiedener Bedeutung und gleicher Aussprache sowie konstruktionsbedingte Mehr-deutigkeit. Durch solche Wort- oder Bedeutungskonstruktionen entstehen mehrere Reaktionsmöglichkeiten. Weiterhin gehören dazu eingebettete und eingestreute Suggestionen, die alle den Prozeß des indirekten assoziativen Fokussierens (siehe Glossar) fördern. Geschickt eingesetzte Sprachmuster können vorhan-dene sprachliche Assoziationen auflösen und gewünschte neue Verbindungen herstellen helfen.

Kapitel 15

Über den Geist und wie er die Erfahrung der Dualität zustande bringt

… Vergnügen und Raserei, Trauer und Freude,
Hoffnungen und Bedauern, Veränderung und Stabilität,
Zaudern und Entschiedenheit, Ungeduld und Trägheit:
alles sind Klänge aus derselben Flöte, Pilze aus
demselben nassen Humus. Tag und Nacht folgen
aufeinander und kommen über uns, ohne daß wir
sehen, wie sie entstehen …
(Thomas Merton in: *The Way of Chuang Tzu*)

Durch NLP und Ericksonsche Hypnose haben wir viel über den Geist erfahren und über die Art, wie subjektive Erfahrung entsteht. Die interessantesten Einsichten erhalten wir, wenn wir dieses Wissen anwenden, um zu untersuchen, wie der Geist die Erfahrung der Dualität zustande bringt.

Die wichtigsten mentalen Mechanismen, durch die subjektive Erfahrungen zustande kommen (Submodalitäten, Metaprogramme – siehe Glossar) haben eine bestimmte innere *Struktur* und ein bestimmtes äußeres *Muster* gemeinsam. Die Struktur besteht aus einer breiten Palette von Reaktionsmöglichkeiten, die von einem Extrem bis zu dessen Gegenteil reichen. Das Muster entsteht aus einer spezifischen Bewegung von einer Extremform zu ihrem Gegenteil. Einige Beispiele dafür sind:

– hin zu ↔ weg von
– positiv ↔ negativ
– gleich ↔ ungleich
– selbst ↔ andere
– äußerlich ↔ innerlich
– farbig ↔ schwarz & weiß
– laut ↔ sanft
– heiß ↔ kalt
– süß ↔ sauer
– wohltuend ↔ beißend
– Bewegung ↔ Ruhe
– hell ↔ dunkel.

Für diejenigen, die nach mentaler Gesundheit und spiritueller Einsicht streben, kann die Erkenntnis sehr umwälzend sein, daß *dies* die „Hardware" des Geistes ist. Die Natur dieser Muster und ihrer Mechanismen spiegelt den Geist wider, und gleichsam entsprechen sie direkt der ewigen Gegenwart der Gegensätze.

Diese geistigen Mechanismen können nicht ersetzt oder zerstört werden, aber sie können genutzt werden, um uns in eine neue Richtung zu führen.

Und Dein Unbewußtes ist jetzt frei ...
diese Lektion weiter zu verfolgen ...
und auf weitere Erfahrungen auszudehnen ...
während verborgene Harmonien aufsteigen ...
und es kann fortfahren ...
den weiten Bereich Deiner Erfahrungen zu durchsuchen...
Erfahrungen, die Deine Erfahrungen sind ...
bisher unbeachtet ...
jetzt in einem neuen Licht verfügbar ...
auf eine neue Weise verständlich ...
es ist frei, seinen weisen Worten Stimme zu verleihen ...
Worte, die vorher verschwiegen wurden ...
und Dein Bewußtsein kann aufsteigen ...
wie zwei Dinge, die so entgegengesetzt scheinen ...
die im starken Rhythmus des Jetzt zusammen tanzen ...
wie kreativ kann Dein Unbewußtes sein ...
es verändert seine Einsichten jetzt so ...
daß es akzeptiert ...
und sich entspannt ...
es läßt zu, daß ist, was ist ...
spürst Du es? ...

Das ganze Körper-Geist-System ist auf Erkennen ausgerichtet, und dafür ist Vergleichen nötig. Von reifen geistigen Urteilen und Unterscheidungen bis hin zu den Zellen eines wachsenden Embryos, die irgendwie „wissen", welches das passende Gewebe oder Organ ist und sich entsprechend entwickeln, überall zeigt sich, daß der *Vergleich eine Grundstrategie von Geist und Körper* ist.

Auch die Regulationssysteme des Körpers nutzen Formen der Anpassung oder der Nichtanpassung (sie wählen zwischen Ähnlichkeit und Unterschiedlichkeit), um in ihrem Streben nach Homöostase (das heißt nach physiologischer Regulation) Zustände des Gleichgewichts und des Ungleichgewichts zu erkennen. Machen Sie sich deutlich: Solange Vergleiche die Grundlage für das Funktionieren von Körper und Geist sind, sind Unterschiede *erforderlich* – und diese erstrecken sich über eine gleichbleibende Palette, die von einer Extremform zu ihrem Gegenteil reicht. Ohne sie könnte kein Erkennen stattfinden.

Wenn Menschen auf der Suche nach geistiger Gesundheit und nach spiritueller Bewußtheit erkennen, daß Urteile und Vergleiche die Hauptursache für die meisten geistigen und emotionalen Probleme sind, befinden sie sich in einem Dilemma. Wo läßt sich diese nicht-urteilende Bewußtheit finden? Wo findet man wahlfreie Bewußtheit? Und wo ist der viel besprochene Frieden, der über jedes Verstehen hinausreicht?

Wenn wir immer klarer verstehen, wie der Geist funktioniert, wird offensichtlich, daß wir *durch unseren Geist* die Einheit auf keinen Fall verstehen können, ohne daß wir uns auf die Einheit als die organische Verbindung der Zweiheit oder der Gegensätze einlassen.

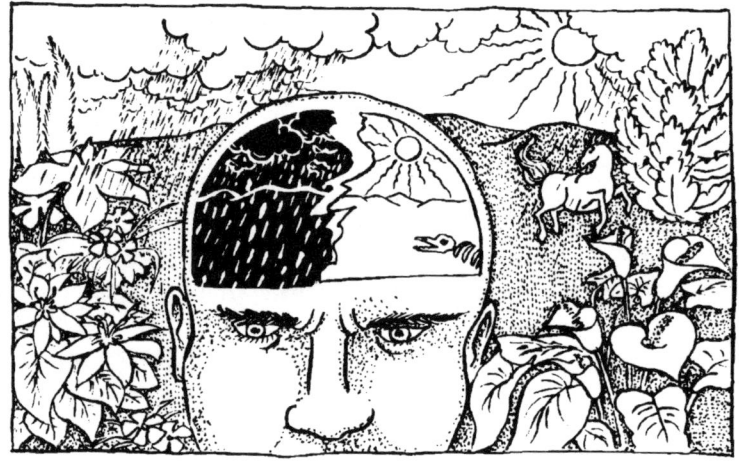

Der Konflikt existiert im Verstand

Je mehr wir die Natur und die Struktur unserer geistigen Funktionen erkennen und sie sein lassen, wie sie sind, desto kreativer können wir werden und diese Mechanismen einsetzen, um sicher und angemessen unseren Weg zu geistiger Gesundheit und spiritueller Einsicht zu gehen.

FACTICITY versteht geistige Gesundheit als ein Leben aus einem entspannten Geist heraus, der sich der Freude eines kreativen Lebens widmet. Aber wie kann sich der Geist entspannen, wenn seine Aufgabe im Vergleichen und Wählen besteht? Die Mechanismen des Geistes sind dazu bestimmt, unsere Energien entweder auf ein gewünschtes Ziel hin oder von einem unerwünschten Ziel weg zu lenken.

Die grundlegende, unleugbare und unveränderliche Erfahrung der Dualität geschieht durch den Geist und ist gleichzeitig wesentlich für ihn. Die geistige Funktion des Vergleichens ist grundlegend für alle sensorischen Erfahrungen und deshalb auch für die sprachliche Repräsentation aller Erfahrung im Geist. Damit das Gehirn Klänge registrieren kann, muß es auch die Stille kennen. Damit ein Ton als laut bezeichnet werden kann, muß „leise" bekannt sein. Viele von uns kommen bei Entscheidungen nicht über den Vergleich hinaus. Zusätzlich entsprechen unsere Wahlmöglichkeiten meist der Sichtweise des „entweder/oder" der aristotelischen Theorie (also der Weltsicht, daß Einzelerscheinungen oder „Phänomene" immer einer Gattung zuzuordnen sind und ihr Wesen somit erklärbar ist).

Wenn wir so weit gekommen sind, daß wir in unserem Leben viele Wahlmöglichkeiten und unsere wichtigsten Ziele herausgefunden haben, *und* wenn wir die natürliche Gegebenheit der Gegensätze anerkennen können, könnten vielleicht Wahlfreiheit und nicht-urteilende Bewußtheit die psychologisch gesehen nächsten angestrebten Ziele werden. Ein Geist, der versteht, wie seine eigenen Einsichten zustande kommen, und der die Intelligenz und den Wert einer Bewegung zu höheren Einsichten, die

139

ihn transzendieren, erkennt, ein solcher Geist wird dann seine Intelligenz, seine Kreativität und seine Sensibilität nutzen, um diese Bewegung nach jenseits des Geistes zu unterstützen.

Und manchmal kann ein Mensch wie ein Baum werden ...
der von seinen Wurzeln abgeschnitten ist ...
und es kann sein, daß ein Baum ...
der von seinen Wurzeln abgeschnitten ist ...
Duft als eine bloße Fantasie betrachtet ...
ein Baum, getrennt von seinen Wurzeln, könnte denken ...
daß Blumen nur eine Illusion sind ...
eine Illusion, die zerstört werden muß ...
ein Baum, von seinen Wurzeln abgeschnitten ...
könnte keine Bedeutung in seiner Existenz finden ...
denn ein Baum, von seinen Wurzeln abgeschnitten ...
ist nicht mehr mit dem Leben selbst verbunden ...
und dieser Baum könnte einen anderen beobachten ...
dessen Wurzeln ganz tief von der Erde umgeben sind ...
der sich mit dem Stoff anfüllt ...
aus dem das Leben gemacht ist ...
und dieser Baum könnte zusehen ...

wie ein anderer seine Blüten entfaltet ...
und sogar den Duft riechen ...
aber ohne seine Wurzeln ...
wird dieser Baum nie eigene Blüten haben ...
eigene Früchte, reif und süß und voller Saft ...
bereit, aufzubrechen und zu fließen ...
und doch: begierig, das Leben zu leben ...
findet dieser Baum seinen Weg ...
auch wenn die Wurzeln abgeschnitten sind ...
an einem neuen Platz werden neue Wurzeln sprießen
können ...
und sogar das Gras weiß ...
wie es einen Weg findet ...
durch den harten Beton der Straße ...
in seinem Verlangen, sich zum Himmel zu strecken ...

Der Geist ist nicht unser Feind. Er ist eine unglaubliche Quelle der Klarheit, der Ordnung und des kreativen Ausdrucks. Und er arbeitet in bestimmte *Richtungen* (für und gegen, hin zu und weg von). Wenn wir wirklich ein Gleichgewicht erreichen wollen, müssen wir diese zielgerichtete Kraft des Geistes stärken und nutzen. Genau dies erforschen wir mit FACTICITY, um jenen Ort zu erreichen, an dem wir aus unserem Geist und seiner dualistischen Sichtweise heraustreten können, in die Arme unserer inneren Natur, die nur auf unsere Heimkehr wartet.

Kapitel 16

Grundlegende Gegensätze des Lebens

… Das Meerwasser ist gleichzeitig sehr rein und sehr
verschmutzt. Es ist für Fische genießbar und gesund,
aber für den Menschen ungenießbar und tödlich.
Die Natur des Tages und der Nacht ist die gleiche.
Der Weg nach oben und der Weg nach unten sind
ein und derselbe Weg. Sogar Schlafende leben und
nehmen teil an dem, was im Universum vor sich geht.
Im Kreis fallen Anfang und Ende zusammen …
(Heraklit)

Wie wir mittlerweile erkennen können, scheint das grundlegendste Muster im Leben die natürliche Gegebenheit der Gegensätze
zu sein. Nachfolgend eine – natürlich unvollständige – Liste mit
einer Anzahl von Gegensätzen, die von vielen Menschen ausge-
arbeitet wurde, die den Prozeß mit FACTICITY (einen Gruppen-
prozeß) durchlaufen haben.

Sommer – Winter	Frühling – Herbst	Tag – Nacht
heiß – kalt	hoch – niedrig	Berg – Tal
Bewegung – Stillstand	männlich – weiblich	Flut – Ebbe
Teich – Fluß	laut – leise	Geburt – Tod
klar – verschwommen	weiß – schwarz	dunkel – hell
wild – zahm	süß – sauer	hart – weich

nahe – fern
glatt – rauh
Samen – Blüte
Eis – Wasser
säen – ernten
Schwere – Leichtigkeit
innen – außen
frisch – verdorben
scharf – stumpf
Anfang – Ende
Angriff – Rückzug
Anziehung – Abstoßung
Mittelpunkt – Umfang
entfernt – nahe
Kommen – Gehen
rechts – links
bewußt – unbewußt
aufsteigen – absteigen
kontrahiert – erweitert
lachen – weinen
Un-/Gleichgewicht
freiwillig – unfreiwillig
Streckung – Biegung
steif – flexibel
laut – sanft
Ärger – Mitgefühl
Un-/Sicherheit
Stoffwechselauf-/abbau
Vertrauen – Zweifel
sinnvoll – sinnlos

hungrig – satt
positiv – negativ
Ozean – Regentropfen
blühen – verwelken
Land – Meer
Feuer – Wasser
hinauf – hinunter
fruchtbar – unfruchtbar
wach – schlafend
vorn – hinten
schützen – freilegen
Aktion – Reaktion
Sonnenauf-/untergang
leicht – schwer
aufsteigen – fallen
Spitze – Boden
An-/Entspannung
steckenbleiben – fließen
blind – sehend
lang – kurz
behaart – kahl
einatmen – ausatmen
alt – jung
groß – klein
anwesend – abwesend
alleine – zusammen
würzig – fad
stark – schwach
Anerkennung – Ablehnung
Veränderung – Dauer

voll – leer
oberflächlich – tief
Ozean – Küste
verstecken – suchen
Erde – Himmel
Stille – Klang
Krankheit – Gesundheit
schnell – langsam
jung – alt
essen – gegessen werden
Unglück – Glück
passiv – aktiv
geben – erhalten
schwimmen – sinken
Höhe – Tiefe
innen – außen
Aufnahme – Ausschluß
Arterien – Venen
offen – geschlossen
stehen – liegen
fett – dünn
sauer – alkalisch
Körper – Seele
lockig – glatt
richtig – falsch
Agonie – Ekstase
fest – flüssig
Vergnügen – Schmerz
Liebe – Haß
Klarheit – Verwirrung

Aus psychologischer Sicht ergeben sich die meisten Probleme aus der Art und Weise, wie wir uns zu einem oder zu mehreren der folgenden vier Gegensatzpaare stellen – ihnen ist nachfolgend jeweils ein Abschnitt gewidmet:

- Sicherheit – Unsicherheit
- Leben – Tod
- Vergnügen – Schmerz
- Allein – Gemeinsam.

Sicherheit – Unsicherheit

Dieses Muster zeigt sich bei vielen unterschiedlich. Für einige liegt das Problem bei Themen wie Lob und Mißbilligung, Anerkennung und Ablehnung, Alleinsein und Zusammensein. Bei anderen sind es Themen wie Reichtum und Armut, Anerkennung und Anonymität, Geschmack und Geschmacklosigkeit. Welche Sprache in der individuellen Landkarte benutzt wird, im Grunde wird ein Zustand von Dauer und „ohne Veränderungen" gefordert. Wenn hingegen das Unbewußte den Rhythmus unvermeidlicher und unaufhörlicher Veränderung begreift, sieht und hört, wird ihm langsam klar, daß Sicherheit letztendlich auch darin bestehen kann, daß Unsicherheit als die Eigenschaft des Lebens an sich akzeptiert wird.

Und ebenso, wie Du hier jetzt ausruhst und liest ...
kennst Du das Bedürfnis nach Bewegung ...
und wieder nach Ruhe ...
das Bedürfnis, Dich zu konzentrieren ...
das Bedürfnis, Dich treiben zu lassen ...

die Veränderungen kommen und gehen ...
und Dein Unbewußtes kann sich bewußt werden ...
daß es sich auf die Veränderung einlassen kann ...
es weiß jetzt ...
daß Veränderung so natürlich ist wie der Atem ...
der frischen Sauerstoff hineinbringt ...
im Austausch für das Kohlendioxyd ...
das mit jedem Ausatmen entweicht ...
und ist es nicht verwunderlich, zu erkennen ...
daß Veränderung natürlich ist ...
Du bist lebendig ...
Du bist Teil des Daseins ...
das sich mit jedem Atemzug ausbreitet und erneuert ...

Leben – Tod

Wir wissen fast alle, daß der Tod eines Tages zu uns kommen
wird. Und offensichtlich hat das Unbewußte diesbezüglich eine
bestimmte Antwort. Im Grunde genommen ist das Unbewußte
gegen den Tod und *für* das Leben – was natürlich eine kluge
Wahl ist. Biologisch gesehen ist es die einzige Wahl. Psychologisch gesehen können wir das Todesverständnis unseres Unbe-

wußten erweitern: vom Tod als einem Phänomen, das das Ende des Körpers und das Ende des „Ich" herbeiführt, hin zu der Auffassung, daß der Tod *sowohl* die Vollendung eines Abschnittes *als auch* der Anfang eines weiteren Abschnitts ist. Die Natur demonstriert dieses Phänomen unaufhörlich und läßt uns erkennen, daß Anfang und Ende, Leben und Tod zu einem natürlichen Kreis der Vollendung gehört – dieser macht es möglich, daß sich der Prozeß des Lebens immer wieder erneuert.

Und Du kannst jetzt Deine Erfahrungen durchsuchen ...
um Deine Visionen aufzufrischen ...
Du kannst Dich einstimmen in die Harmonie ...
die im Wandel der Formen liegt ...
der überall im Leben geschieht ...
denn mit jedem Tod ...
geschieht eine Geburt ...
jener Körper stirbt ...
und kehrt durch eine Geburt wieder ...
im Körper dieses Kleinkindes ...
das sich sehr zittrig und sehr tapfer ...
auf den nächsten Verlust zubewegt ...
den Verlust seiner Babyzähne ...

*der, wie jedes Kind weiß, den Anfang vom Ende der
Kindheit anzeigt ...*
und dieser Babyzahn schafft Platz für die Kinderzähne ...
*lange bevor der übrige Körper ganz seine erwachsene
Form annimmt ...*
etwas, ganz tief in diesem Kind, weiß ...
daß es an der Zeit ist, ein Ende zu beginnen ...
und zuzulassen, daß ein neuer Anfang beginnt ...
so wie etwas tief in einem Samen tief in der Erde weiß ...
daß eine Zeit kommen wird ...
wenn die Hülle aufbrechen muß ...
und er wird sterben und nicht länger ein Samen sein ...
sondern sich befreien ...
und die Form eines Keimlings annehmen ...
frei sein, um weiterzuwachsen ... jetzt ...
zur nächsten Station dieser Reise ...
und unaufhörlich emporstreben ...
fühlst Du es?

Vergnügen – Schmerz

Wieder ist es ein Zeichen von biologischer Intelligenz, daß wir uns zum Vergnügen hin und von Schmerzen wegbewegen. Die psychologische Intelligenz allerdings fordert uns dazu auf, die Aufmerksamkeit des Unbewußten auf den *Wert* von Schmerzen und unangenehmen körperlichen, emotionalen oder mentalen Erfahrungen zu richten. Wenn wir die gewöhnlich gemiedenen Erfahrungen von Druck und Schmerz als wertvoll betrachten, können wir aufhören, diese unzweifelbar zum Leben gehörenden Erfahrungen zu meiden, und wir können versuchen, ihnen mit einer neuen Einstellung zu begegnen, zum Beispiel mit Lernbereitschaft, Neugier, Entspannung oder Meditation.

Und Dein Unbewußtes kann jetzt fortfahren ...
und den Wert des Lernens kennenlernen ...
wie sich Schmerz nutzen läßt ...
jene Abschiede ...
jener Druck ...
so wie die Vögel den Druck der Luft zu nutzen wissen ...
um unter den Wolken dahinzugleiten ...
und auch die Fische im Meer ...
nutzen den Druck in der Tiefe ...
der ihnen hilft, zu schwimmen ...
um sich frei zu bewegen ...

und die tiefsten Bereiche zu erforschen ...
dort unten in der reichhaltigen Tiefe ...
und auch die kleinen Venusmuscheln dort ...
wissen den Druck zu nutzen ...
um dorthin zu reisen, wo sie hingelangen wollen ...
und sogar Dein eigener Körper weiß ...
wie er diese Erfahrung von Druck einsetzt ...
damit Du laufen kannst ...
damit Du einen Fuß anheben kannst ...
und der Druck sich dann ...
ganz natürlich ...
ganz leicht ...
zum anderen Fuß verlagert ...
und Dich vorwärtsträgt ...

Alleine – Gemeinsam

Das Dilemma des menschlichen Herzens besteht darin, daß es das Bedürfnis hat, mit anderen verbunden zu sein, und es will außerdem einzigartig, besonders und/oder allein sein. Deswegen sind wir häufig innerlich arg gespalten. Die meisten von uns identifizieren sich überwiegend entweder mit dem Alleinsein oder mit dem Zusammensein mit anderen als dem „richtigen" Weg oder dem Weg zum Glück. Diejenigen Menschen, die das Zusammensein mit anderen gewählt haben, haben gewöhnlich noch nicht erfahren, was es heißt, allein zu sein und die eigene Einzigartigkeit mit voller Bewußtheit zu spüren. Diejenigen, die das Alleinsein gewählt haben, kennen andererseits nicht die Erfahrung, wie wertvoll Verbundenheit mit anderen ist – sie ist menschliches Bedürfnis und auch Vorbedingung zum Menschsein. Mit FACTICITY lernen wir, beide Bedürfnisse als gleichwertig, natürlich und zusammengehörig zu schätzen.

*U*nd sehr tief im Meer liegt die unterste Kante vom höchsten Gipfel eines Berges ...
denn noch der höchste Berggipfel bleibt verbunden mit der tiefsten Tiefe der Erde ...
die Inseln, die über die Wasseroberfläche reichen ...
einzigartig und allein in ihrer Ausdruckskraft ...
können mit Gewißheit darauf vertrauen ...
daß sie tief unter der Oberfläche des Meeres ...
ein Teil der Ganzheit der Erde bleiben ...
und die Tiefen ruhen friedlich da unten ...
im Vertrauen auf die Verbindung zu dem ...
was hoch über ihnen ist ...

und zu jenen Sternen reicht ...
der weite Himmel, in dem die Vögel fliegen können ...
und jeder hat schon einen Vogel am Himmel gleiten
sehen ...
und manch einer mag denken ...
daß die Vögel sich unverbunden fühlen ...
getrennt ... allein ...
und dennoch sind die Vögel ...
die in einem Schwarm zusammen sind ...
auf geheimnisvolle Weise miteinander verbunden ...
und dennoch ist jeder frei ...
denn fliegen kann nur jeder allein für sich ...
und dann auch verbinden sich die Vögel in einer Form ...
und fliegen im Verbund durch die Weite des Himmels ...
in einer Form und Gestalt ...
die für den Verstand ein Geheimnis bleibt ...
und dennoch können die Vögel die Verbindung fühlen ...
den Drang, den Instinkt, der ihre Richtung bestimmt ...
der sie auf ihrem Weg leitet ...
damit sie ihr Ziel jetzt erreichen ...
und sich einlassen auf die Reise ...
und allein zusammen fortziehen.

Kapitel 17

Neue Wege finden, zu reagieren – Sich auf den Fluß einlassen

… Teile nicht. Wurzeln und Blüten sind zwei Enden
eines Phänomens …
(Osho in: *Om Mani Padma Hum*)

Unsere geläufige, unbewußte Reaktion auf Gegensätze besteht
darin, daß wir wählen. Wenn wir also neue Möglichkeiten der
Wahlfreiheit finden wollen, kann es hilfreich sein, bestimmte
Wegweiser aufzustellen. Nachfolgend werden fünf wichtige
Gegensatzpaare genannt, und zwar *so, wie der Geist sie versteht.*
Sie können alternative Reaktionen aufzeigen, und möglicher-
weise können sie allgemeine Einwände und Bedenken in vor-
hinein beheben.

Gleichgewicht – Ungleichgewicht

Mit FACTICITY untersuchen wir eine wichtige Strategie, mit
der wir uns auf die Dualität einlassen können: die unaufhörliche Wiederherstellung des Gleichgewichts. Das Unbewußte

153

verwendet statt eines Verbs lieber das Substantiv, und macht Gleichgewicht damit zu einem „Ort", den man erreichen und an dem man bleiben kann. (Im Amerikanischen ist *balance* sowohl Verb als auch Substantiv. Im Deutschen verwenden wir als Verb nur den Ausdruck „das Gleichgewicht halten", während *Balance* das Substantiv meint. Anm. d. Vlg.) Wir können dieses Verständnis des Unbewußten dahingehend erweitern, daß „Gleichgewicht" ein Prozeß ist, der sich ständig neu erschafft – also ein Gleichgewicht in der Bewegung. Ungleichgewicht ist dann einfach Teil des Gleichgewichtsprozesses; es ist die Erfahrung, durch die Gleichgewicht entsteht.

Und Gleichgewicht ist ein Zustand der Bewegung ...
genauso wie damals, als Du laufen lerntest ...
um dem Körper seine Bewegung zu ermöglichen ...
Gleichgewicht wiederherstellen von einem Augenblick
zum anderen ...
so bewegtest Du Dich ...
beinahe, als gingst Du auf einem Drahtseil ...
und Du wußtest, Du würdest fallen ...
wenn Du Dich zu sehr nach der einen Seite bewegst ...
und eine Bewegung zu weit zur anderen Seite ...
und Du würdest fallen ...
und so scheinen wir immer wieder auf einem anderen

Drahtseil zu laufen ...
auf dem der Balanceakt von vorn beginnt ...
und der Körper läßt das Gleichgewicht zu ...
er steht sehr ruhig ...
und schwingt dennoch weiterhin ...
auf seine eigene Weise ...
vor und zurück ...
von einer Seite zur anderen ...
er findet beständig das Gleichgewicht wieder ...
er läßt das natürliche Schwingen zu ...
von einer Seite zur anderen ...
und er erlaubt das Gleichgewicht als einen natürlichen
Prozeß ...
und er erreicht einen Zustand konstanter Bewegung ...
wo Ungleichgewicht zu Gleichgewicht wird ...
wieder und wieder ...
so leicht wie das Einatmen ...
so leicht wie das Ausatmen ...

Vertrauen – Zweifel

Im allgemeinen schätzen wir die Erfahrung von Zweifeln wenig. Zweifel können jedoch ein starkes Feedback sein, das uns nach Erfahrungen weitersuchen läßt, durch die wir zu unbestreitbarem Wissen gelangen können. Die meisten von uns haben ein echtes Vertrauen fast verloren. Unser Vertrauen bezieht sich meist nur darauf, daß wir hoffen, wir würden bekommen, was wir wollen oder brauchen. Mit FACTICITY finden wir heraus, daß es ein Vertrauen gibt. Dieses Vertrauen ist eine Art innerer Ruf und eine Zuversicht, die uns in unbekannte Bereiche vorstoßen lassen, für die wir keine Garantien brauchen.

*U*nd da sind Bewegungsrhythmen ...
die nicht abhängig sind ...
von der äußeren Welt ... von hell und dunkel ...
von Wärme und Kälte ...
sogar ein kleiner Bohnensämling ...
der seine Blätter bei Tagesanbruch der Sonne entgegenstreckt ...
und sie in der Dämmerung wieder senkt ...
sogar dieser Bohnensämling vollführt diese Bewegung weiter ...
auch wenn es immer länger dunkel bleibt ...
er folgt seinem angeborenen, intuitiven Rhythmus ...

156

von Bewegung und Veränderung …
und einige Pflanzen verwandeln Licht in Energie …
durch den geheimnisvollen Prozeß der Photosynthese …
die ihren Höhepunkt am Mittag erreicht …
und in der Nacht einen Tiefpunkt erreicht …
und auch wenn es kein Licht gibt …
nutzt die Pflanze ihr erlerntes Wissen …
Energie umzuwandeln und herzustellen …
und auch bei gleichbleibenden äußeren Bedingungen …
keimen und wachsen viele Samen schneller …
wenn Frühling und Sommer ist …
egal was um sie herum wirklich vorgeht …
und es ist erstaunlich festzustellen …
daß diese angeborenen Rhythmen …
in ihrem eigenen Rhythmus geschehen …
sie lassen einen Prozeß zu …
der ein natürlicher Prozeß ist … jetzt …

Nützlichkeit – Nutzlosigkeit

Die meisten von uns haben ein schlechtes Gefühl bei dem Gedanken, nutzlos zu sein. Also können wir wieder untersuchen, welchen Wert und welche Notwendigkeit die Nutzlosigkeit für das Verständnis unserer Nützlichkeit hat. Wenn wir uns Erfahrungen bewußt machen, die manchmal nützlich und manchmal nutzlos sind, helfen wir dem Unbewußten – denn es kann dann beginnen, sich zu entspannen. Beispielsweise ist eine geschlossene Faust sehr nützlich, wenn man schreibt, eine Gabel hält oder eine Aktentasche trägt. Eine Hand jedoch, die sich nie öffnet und entspannt, wird sich allmählich verkrampfen, und sie wird auf eine negative Weise nutzlos. Positiv nutzlos wäre eine geöffnete Hand mit gestreckten Fingern und leerer Handfläche, die sich ausruht. Und diese Nutzlosigkeit wird nützlich: Denn diese Hand kann spontan vielerlei Dinge entgegennehmen, die eine geschlossene Hand nie ergreifen könnte. Ziel ist es hier, den Geist positiv zu stimmen, ohne die Wirklichkeit, die wir als dunkel oder unangenehm erfahren haben, zu verleugnen oder zu ignorieren. Es ist bekannt, daß der Übergang zu geistiger Gesundheit und Nicht-Geist aus dem Zustand zum Beispiel der Dankbarkeit (ein positiver Zustand) sehr viel leichter ist als aus dem Zustand der Trauer (ein negativer Zustand).

Und Dein Unbewußtes kann jetzt fortfahren, zu lernen ...
es kann lernen, seine verborgenen Weisheiten lauter zu flüstern ...

so wie das Wasser im Bach …
unverkennbar in seinem unaufhörlichen Plätschern …
nur gehört wird …
wegen der Steine in diesem Bach …
obwohl diese Steine für andere …
vielleicht nur Steine sind …
dem Bach erlauben sie, sein Lied zu singen …
und für den Menschen, der Augen hat, zu sehen …
können die Steine im Bach zu Trittsteinen werden …
die von einem Menschen benutzt werden …
um von einem Ort zum anderen zu gelangen …
und die Steine, auf die ein Mensch tritt …
können für einen anderen Menschen eine andere
Bedeutung haben …
denn ein Trittstein …
der dem Menschen hinüberhilft …
wird von diesem Menschen auf diese Weise gewählt …
während er dann in die Richtung weitergeht, in die er
gehen möchte …
er läßt hinter sich …
was einst nützlich war und nicht länger nützlich ist …
er läßt es da hinter sich, wo es hingehört …
es ist jetzt frei, um einem anderen zu helfen …
und dabei wieder nützlich zu werden.

Bewußtsein – Nichtbewußtsein

Die meisten Menschen, die auf der Suche nach Spiritualität oder nach inneren Wurzeln sind, betrachten Bewußtsein, Erleuchtung, Bewußtheit oder ähnliches als etwas, was erreicht, verdient oder erworben werden kann. Mit FACTICITY untersuchen wir, ob das, was wir suchen, nicht bereits für uns vorhanden ist. Akzeptieren und Loslassen machen es möglich, daß wir uns einlassen auf das, was von Natur aus zu unserem Wissen gehört, nämlich unsere spirituelle Natur. Für große Erleichterung sorgt häufig bei Menschen die Erkenntnis, daß das Nichtbewußtsein notwendig ist – es ist eine Voraussetzung für die Erweiterung unserer bewußten Wahrnehmung.

Und Dein Unbewußtes forscht weiter ... jetzt ...
es erforscht die Möglichkeit ...
daß die Bewußtheit Dir jederzeit zur Verfügung steht ...
Du kannst sie nutzen ...
Du kannst in sie hineintreten ...
wann immer Du Dich jetzt an sie erinnerst ...
denn das Leben um Dich herum ...
lebt in seiner eigenen Atmosphäre ...
die Teil jener umfassenden Atmosphäre ist ...
dieser beinahe durchsichtigen Hülle von Gasen und Teilchen ...

die die Erde umgeben ...
und die Atmosphäre spielt eine entscheidende Rolle ...
für die Existenz des Lebens überhaupt ...
denn diese Atmosphäre besteht überall ...
und hüllt alles mit ihrer Transparenz ein ...
und bringt dennoch das Wasser von den Ozeanen
zum Land ...
und leitet die Strahlung der Sonne ...
sie ist so wichtig für die grünen Pflanzen ...
die dieses Licht in Energie verwandeln ...
die Atmosphäre schützt die Erde vor ultravioletten
Strahlen und Meteoritenregen ...
so wie eine Decke bedeckt sie die Erde...
sie hält dabei die Temperatur gleich ...
sie kühlt die sengende Hitze der Tropen ...
sie wärmt die unfruchtbare Kälte der Polarkappen ...
die Atmosphäre verbreitet Klänge ...
und elektromagnetische Wellen ...
und läßt Kommunikation möglich werden ...
diese Atmosphäre, die uns umgibt ...
ist ein wichtiger Schlüssel ...
damit das Leben selbst sich erschließt ...
und irgendwo in dieser Atmosphäre ruht der Himmel ...
und dieser Himmel, kann er irgendwo sein ...

wenn er überall ist? ...
kann der Himmel an einer bestimmten Stelle sein ...
wenn der Himmel doch immer hier ist?

Selbst – Nicht-Selbst

Mystische Darstellungen sprechen von der eigentlichen Wirklichkeit oft als der Ganzheit, dem Nicht-Sein, dem So-Sein, oder sie verwenden andere interessante und oft verwirrende Etiketten. Wie das Etikett auch immer lautet, ganz sicher folgt meist der Gedanke der Selbstaufgabe oder des Verlustes des Selbst. Das kann auf Menschen lähmend wirken und den Geist völlig von seiner Suche ablenken – sei es bewußt oder auch unbewußt. Jegliche Aussicht auf den Tod, auch auf den „Tod des Ego", kann vom Unbewußten als gefährlich angesehen werden.

Mit FACTICITY untersuchen wir eine andere Auffassung, was das „Selbst" oder das „Ego" ist, damit sich das Unbewußte entspannen kann. Wenn ihm die Möglichkeit eröffnet wird, daß wir tatsächlich Teil des Ganzen sind und daß das Ganze größer ist als die Summe seiner Teile, kann es die Angst vor Gefahr loslassen und entspannen.

Und Dein Unbewußtes kann jetzt untersuchen ...
wie es ist, wenn ein Mensch viele Linien auf ein leeres
Blatt Papier malt ...
diese energiegeladenen Linien verlaufen kreuz und quer...
und wo sich viele kleine Linien kreuzen ...
beginnt ein Punkt zu entstehen ...
der da vorher nicht war ...
ein Punkt, der dem Auge ganz kompakt erscheint ...
abgesetzt von den Linien, kreuz und quer auf dem
Papier ...
und wenn viele Linien kreuz und quer verlaufen ...
und dann ein großer Punkt entsteht ...
ein Punkt ... genau hier ...
ist dann der sichtbare Punkt dort ...
von den Linien getrennt? ...
oder ist er ein Teil der Bewegung um ihn herum? ...
ist es wie das Erreichen eines angenehmen Ortes ...
an dem der Punkt zu sein scheint?

Kapitel 18

Die eigene Identität – Der Ausgangspunkt für den Weg jenseits des Geistes

... Das Ego zerstören? Es jagen, es schlagen, es
brüskieren, ihm sagen, daß es zu verschwinden hat?
Ohne Zweifel verspricht das viel Spaß. Aber wo ist es?
Mußt Du es nicht zuerst finden? Sagt man nicht, man
müsse die Gans zuerst fangen, bevor man sie braten
kann? Die große Schwierigkeit ist hier, daß es gar keine gibt ...
(Wei Wu Wein: *Parable of the Goose*)

„Wer bin ich?" mögen wir uns viele Male in unserem Leben
fragen. Und jedes Mal mag unsere Antwort eine andere sein. So
wie wir uns ändern, so verändert sich unser Verständnis davon,
wer wir sind und wer wir werden können.

Bisher haben wir untersucht, wie wir unsere Erfahrungen (die
wir zwar gemacht, aber bisher nicht berücksichtigt haben) nutzen können, um geistig gesund zu werden. Es ging uns speziell
um die Erfahrungen, die uns zeigen, daß das Leben wirklich ein

Prozeß ist, der immer weitergeht und sich von einem Augenblick zum nächsten nach geordneten und kreativen Mustern verändert. Die Meditation erkundet die Wirkung genau dieser bisher unberücksichtigten Erfahrungen auf das „Selbst" und auf das „Ich" (die Identität).

Aus der Sicht der Psychologie scheint es unterschiedliche Ebenen der Veränderung zu geben, die unser Verhalten beeinflussen können. Es scheint logisch, daß Veränderungen auf übergeordneten Ebenen automatisch Verschiebungen auf unteren Ebenen bewirken, während das umgekehrt nicht der Fall sein muß. Diese Stufen sind von der „höchsten" zur „niedrigsten" folgende:

- Spiritualität (Geistige Zugehörigkeit)
- Identität (wer)
- Überzeugungen und Werte (warum)
- Fähigkeiten (wie)
- Verhalten (was)
- Umgebung (wann/wo).

Wenn wir an der spirituellen Ebene interessiert sind, wird die Identität der Ausgangspunkt auf unserem Weg zu dieser Ebene unserer Natur. Wie dem auch sei, die meisten von uns beantworten die Frage „Wer?", indem sie sich auf niedrigere Ebenen beziehen:

- Ich lebe im Süden. = *Ich bin* Südstaatler. (Umgebung)
- Ich sagte die Wahrheit. = *Ich bin* ein ehrlicher Mensch. (Verhalten)
- Ich schreibe viele Bücher. = *Ich bin* Schriftsteller. (Fähigkeit)
- Es ist wichtig, klug zu sein. = *Ich bin* dumm. (Überzeugungen und Werte)

Ausgehend von der Annahme, daß ein Problem nicht auf der Ebene gelöst werden kann, auf der es entstanden ist, erscheint es als naheliegend, daß Identitätsfragen eher von höheren Ebenen als von niedrigeren sinnvoll untersucht werden können. Erkenntnisse bezüglich des „Wer?", die durch Einblicke in die spirituelle Ebene gewonnen sind, ziehen erfahrungsgemäß eine unerhört starke Reorganisation und neue assoziative Verknüpfungen der eigenen Erfahrungen nach sich – das wird häufig Bekehrung, Satori, Erwachen, Erleuchtung genannt. Auf dieser Ebene ist die Erforschung des Selbst und des Nicht-Selbst ein natürlicher Schritt, der gewöhnlich dann allen anderen folgt, wenn unser Inneres bereit ist, ihn zu tun.

Die Vorstellung des „Ich" setzt ein „Du" voraus und somit eine Trennung. Das Unbewußte glaubt, daß diese Trennung wahr ist, und beginnt damit, den *Prozeß* Ihrer Lebensreise zu einer *Sache* zu verfestigen – zu etwas Konkretem: „*Das* bin ich!" „Ich" ist als Konzept nützlich und notwendig, es wird gebraucht, um in unserer Umwelt zu arbeiten, zu kommunizieren und sich dort zu bewegen. Und es gibt Zeiten, in denen dieses starke Gefühl von „mir" als getrennter, nicht veränderlicher Persönlichkeit zum Hindernis wird. Es hindert dann daran, voranzukommen, sich geschmeidig weiterzuentwickeln und fähig zu sein, zu lernen und zu fließen.

Jeder von uns, der ein gesunder Mensch bleiben will, gut funktionieren und etwas leisten will, muß mindestens zwei Eigenschaften seines Selbst entwickeln. Die erste ist die Fähigkeit, für sich selbst einzutreten. Wenn wir kein starkes Gefühl von dem „Ich" als Individuum mit eigenen Bedürfnissen und Wünschen haben, lassen wir es im allgemeinen zu, daß andere auf uns herumtrampeln. Die zweite Eigenschaft ist die Fähigkeit, sich zurückzunehmen. Wenn wir unser „Ego" nicht zurückstellen können, fällt es uns sehr schwer, zu lernen. Und oft hindert es uns auch daran, einfach im Leben zurechtzukommen.

Die westliche Psychologie befaßt sich hauptsächlich mit der Entdeckung des Selbst und mit der Fähigkeit, für dieses Selbst einzutreten. Östliche Psychologie kümmert sich hauptsächlich darum, wie man das Selbst außer acht läßt und eine höhere Ebene jenseits des Selbst entdeckt. In unserer westlichen Kultur stellen wir das Selbst zurück, weil wir glauben, daß ein Kompromiß nötig sei und daß dies für das Überleben notwendig sei. Es fördert unser Wachstum, wenn wir uns bewußt entscheiden können, uns neben uns selbst zu stellen: Wir erkennen so, daß es sowohl Gewinn und Schönheit darin liegt, daß „niemand zu Hause ist", als auch Gewinn und Schönheit darin liegt, daß „jemand zu Hause" ist (siehe unten folgende Geschichte).

Wie seltsam ist es, gewahr zu werden ...
wie eine Person eine leuchtende Fackel im Kreis herum-
wirbelt ...
und damit möglich macht, daß ein Lichtkreis entsteht ...
so klar und deutlich für das Auge ...
ist dieser Lichtkreis wirklich da? ...
oder bewegt sich einfach die Fackel ...

von einem Augenblick zum nächsten ...
in einem bestimmten Muster ...
so daß die Vorstellung eines Kreises entsteht ...
sehr real? ...
aber ist ein Kreis wirklich vorhanden? ...
ist er vorhanden als etwas Getrenntes von diesem
bewegten Licht ...
das sich wieder und wieder im Kreis dreht? ...

Kann es in dieser Welt wirklich nützlich sein, wenn man ein Gefühl für das Nicht-Selbst entwickelt oder wenn man sein Selbst beiseite läßt? In den taoistischen Schriften von Chuang Tzu (siehe Literaturverzeichnis: *Merton*) gibt es die Geschichte von einem leeren Boot. Stellen Sie sich einmal vor, Sie liegen in einem Boot auf dem Boden und gleiten über das Wasser. Sie spüren die Sonne und genießen die sanften Bewegungen; und plötzlich spüren Sie einen Stoß, und Sie merken, daß sie gegen etwas gefahren sind. Sie setzen sich auf und erblicken ein anderes Boot, in dem jemand sitzt. Sie selbst sind verärgert, denn Sie lagen da gemütlich in der Sonne und träumten vor sich hin, und dann achtet dieser Idiot nicht darauf, wohin er fährt und stößt mit Ihnen zusammen und stört Ihre Fantasien. In Ihrer Wut sagen Sie zu dem anderen: „He, warum schauen Sie eigentlich nicht, wohin Sie fahren? Wachen Sie doch endlich auf!" Er zieht seiner Wege, und Sie legen sich wieder in Ihr Boot, strecken sich wieder bequem und entspannt aus, und wie Sie so daliegen und dahingleiten, geschieht das gleiche wieder – noch ein Zusammenstoß! Sie setzen sich schnell auf, um loszuschlagen. Und da ist wieder ein Boot, aber dieses Mal ist niemand darin – einfach ein leer dahingleitendes Boot. Also beugen Sie sich hinaus und stoßen es weg, und dann legen Sie sich in Ihrem eigenen Boot zurück und fahren weiter.

Wenn wir wie ein leeres Boot sein können, sobald es angebracht ist, eines zu sein, dann kommen wir mit viel weniger Schwierigkeiten durchs Leben. Es gibt aber Zeiten im Leben, da wären wir gerne ein leeres Boot, schaffen es aber nicht. Das Ich-Gefühl ist manchmal so stark, daß wir gar nicht anders können, als es zu verteidigen, auch wenn wir nicht wollen. Der Wunsch, recht zu haben, kann so stark sein, daß wir bereit sind, dafür bis zum bitteren Ende zu kämpfen. Und dann gibt es wieder Zeiten, in denen es uns eigentlich egal ist, ob wir recht haben oder nicht. Wir wollen einfach nur tun, was wir tun, und dennoch können wir es nicht, weil das Gefühl für das Selbst und dafür, wer wir sind, so stark ist, daß wir nicht nachgeben können.

Die meisten von uns haben Zeiten erlebt, in denen wir zu uns stehen und uns verteidigen mußten, weil es sowohl wichtig war als auch unser Selbstwertgefühl nährte. Und viele Male konnten wir das nicht, weil wir nicht in der Lage waren, unsere Einzigartigkeit, unsere Individualität und unseren Wert zu erkennen und zu stärken.

Das leere Boot

Oftmals hätten wir uns gewünscht, wir müßten uns nicht so stark an das klammern, was wir für unser Selbst hielten, – an unsere Prinzipien, unsere Überzeugungen oder Ideen, – denn es lohnte sich einfach nicht. Und wir waren nicht in der Lage, aus dieser Verteidigungshaltung herauszukommen, einfach zu entspannen und die Dinge geschehen zu lassen.

Geistig gesund zu sein bedeutet, beides wählen zu können: zu uns zu stehen *und* unser Selbst zurücktreten zu lassen – je nachdem, ob es angemessen und sinnvoll ist und ob wir uns sicher mit unserer Entscheidung fühlen. Entsprechend der natürlichen Gegebenheit der Gegensätze, nach der der *Geist* die Realität des Selbst schafft, muß es auch das Gegenteil davon, das Nicht-Selbst geben.

Haben wir auf der psychologischen Ebene den Wert des Selbst und des Nicht-Selbst noch nicht erfahren, ist der Sprung in den spirituellen Bereich des Nicht-Selbst und der Ganzheit für die Psyche zu groß. **Und es ist wichtig zu erkennen, daß diese Erkenntnisse und dieses Wissen *unterschiedlichen* Ebenen unserer Natur entstammen.** Man sagt, daß das Modell eines Hologramms auch für den spirituellen Bereich zutrifft: So ist zu verstehen, daß es eine psychologische Überforderung ist, zu vertrauen, daß ein Teil im Ganzen aufgehen wird, ohne daß er zunächst weiß, daß er wirklich ein Teil dieses Ganzen ist und trotzdem selbst einzigartig – Auflösung ist dann wirklich eine Erweiterung und Erfüllung, anstatt Tod und Leere (im negativen Wortsinn).

Dieses Gefühl von uns selbst als getrennt ist übrigens *psychologisch* gesehen eine Wahrheit. Es ist etwas, was für jeden Einzelnen von uns psychologisch zutreffend ist. Niemand wird sagen, daß da keiner sei, wenn ein anderer vor ihm steht. Wir leben alle in dem Sinn, daß wir Individuen sind, mit einem eigenen Namen, unserer eigenen Erfahrung, unserer privaten Welt, unserem eigenen Geist und unserem Privatleben. Und die meisten werden darin übereinstimmen, daß es manchmal angemessen und sinnvoll ist und daß wir uns sicher damit fühlen, unser Verständnis für unser Selbst zurückzustellen. Das wird zum Beispiel in einem Lernprozeß nötig.

Von jenem Blickwinkel von *außerhalb des Geistes* jedoch wird über eine andere Ebene der „Wahrheit" berichtet, die unterschiedlich benannt wird: als Nicht-Selbst, Ganzheit, kosmisches Bewußtsein, Verbundenheit, Leere und anders.

Der Tautropfen klammert sich fest

Ein Problem für viele spirituell Suchende besteht darin, daß das „Ego" psychologisch noch nicht gefestigt ist und daß noch kein stabiles Verständnis des eigenen Selbst vorhanden ist, das man zurückstellen könnte. Deshalb folgen auf die Bemühungen, entsprechend spirituellen Einsichten „selbstlos" zu leben, oft Verwirrung und Verzweiflung – denn die psychologischen Bedürfnisse bleiben unerfüllt.

Ein viel bereister Weg zum Einssein schließt ein, daß die, die ihn gehen, ihr psychologisches Bedürfnis nach einem soliden Gefühl für das Selbst (die Identität) leugnen oder ignoriren. Mit FACTICITY untersuchen wir, ob es einen anderen Weg gibt, um zu einem Verhalten zu kommen, das die Einsichten unserer spirituellen Natur umsetzt und gleichzeitig mentale Gesundheit ermöglicht.

Im Mittelalter glaubte die ganze Welt, daß sich die Sonne um die Erde bewege und daß die Erde eine Scheibe sei. Da war niemand, der nicht daran geglaubt hätte. Von Seefahrern jedoch, die häufig auf den Meeren unterwegs waren, hörte man, daß die Welt rund sei und daß auf der anderen Seite seltsame Dinge anzutreffen seien.

Die Seeleute stellten sich die Erde rund vor, denn sie konnten, wenn sie auf dem Meer waren, die anderen Schiffe schon von ferne sehen. Zuerst wurden die hohen Masten der Schiffe sichtbar und dann das ganze Schiff, vom Mast bis zum Schiffsrumpf. Deshalb glaubten sie, die Erde müsse rund sein.

Dann bestätigten die Astronomen die Annahme der Seeleute. Die Erde war rund, und außerdem war *sie* es, die sich um die Sonne drehte.

Den meisten Menschen jener Zeit erschien es absolut irrsinnig, sich vorzustellen, daß die Erde, auf der sie so ruhig standen, sich in Wirklichkeit jeden Tag einmal komplett drehe. Sie konnten nicht sehen, wie sie sich drehte, und sie konnten die Bewegung nicht fühlen. Sie konnten sich nicht vorstellen, daß die Sonne, deren Bewegung sie am Himmel mit eigenen Augen beobachteten, in Wirklichkeit an einer Stelle blieb, während die Erde sich um *sie* bewegte. Aber die Astronomen sagten, daß es so sei.

Jene Menschen standen vor einer enormen Herausforderung, denn für den Beobachter sieht es so aus, als bewege sich die Sonne um die Erde, und diese *Erfahrung* machen wir auch heute noch. Die Sonne geht auf und wieder unter, und das ist für jeden von uns eine psychologische Realität. Psychologisch gesehen scheint die Erde flach zu sein, und so erleben wir das auch heute.

Aus wissenschaftlicher Sicht trifft das aber nicht zu. Die Erde ist wirklich rund, und sie bewegt sich um die Sonne. Die Sonne bleibt im Verhältnis zu uns an einem Platz, und wir bewegen uns um sie. Es muß für die Menschen eine recht schwierige Erfahrung gewesen sein, als sie erzählt bekamen, daß ihre eigene Betrachtungsweise aus einer anderen Perspektive gesehen unzutreffend war. Schließlich waren ihre Schlußfolgerungen psychologisch und sensorisch völlig logisch und ihrer Erfahrung nach zutreffend.

Wenn wir beginnen, mit dem Gedanken des Nicht-Selbst zu arbeiten, sind wir in einer ähnlichen Situation. Da gibt es bei jedem von uns einen Teil, der sagt: „Was? Das ist absurd!" Und das ist es für den logischen Geist auch. Und dennoch: Wenn wir mit unserer Erfahrung und unserem Wissen entscheiden, daß wir nicht kämpfen brauchen und wollen, sondern daß wir die Dinge sein lassen, wie sie sind und statt dessen innerlich glücklich sind, dann muß es einen entsprechenden Weg geben. Es muß einen Weg geben, von der Idee abzulassen, daß hier jemand ist, für den wir kämpfen und den wir verteidigen müssen.

Das mittelalterliche Beispiel zeigt, daß ein Vertrauenssprung notwendig ist, um über unsere psychologischen Wahrnehmungen hinaus zu Wahrnehmungen einer anderen Ebene zu gelangen.

Nun ist nicht jeder losgezogen, um selbst herauszufinden, daß die Erde rund sei, aber viele Seeleute taten es – sie waren Abenteurer.

Und FACTICITY ist etwas für Abenteurer – für Menschen, die sich nicht damit zufrieden geben, einfach etwas zu glauben. Es ist für Menschen, die Einsichten auf höheren Ebenen ihrer eigenen Erfahrung „erkennen" wollen. Abenteurer besaßen schon immer diese Art von Vertrauen oder von Bereitschaft, um ins Unbekannte vorzustoßen und zu erforschen, was sie dort vorfanden.

Die Erde ist keine Scheibe

Die Menschen im Mittelalter standen vor einer großen Herausforderung – sie sollten etwas akzeptieren, was alle ihre bisher gehegten Überzeugungen unzutreffend erscheinen ließ. Einige wurden sogar getötet, weil sie an diese „neuen" Überzeugungen glaubten – sie wurden auf Scheiterhaufen verbrannt oder zum Widerruf gezwungen.

Eine Geschichte erzählt, daß das Oberhaupt der Kirche Galileo Galilei (den italienischen Mathematiker, Philosoph und Physiker, der nach 1610 wichtige Planetenbeobachtungen machte) zu sich rufen ließ und verlangte, daß er die Abschnitte in seinen Schriften entferne, in denen er behauptete, daß sich die Erde um die Sonne bewege. Galileo soll mit einen großen Sinn für Humor geantwortet haben: „Kein Problem, ich kann diese Behauptung aus meinen Schriften entfernen … aber bedenken Sie, die Erde wird sich weiterhin um die Sonne bewegen, egal, was ich auch sage. Sie wird nicht auf mich achten. Die Erde liest meine Bücher nicht."

Wenn wir diese unterschiedlichen Ebenen, die geistige und die jenseits des Geistes, nicht verstehen, fällt es außerordentlich schwer, Einsichten einer anderen Ebene unserer Natur in Betracht zu ziehen, bei denen es zuvor notwendig ist, eine Überzeugung loszulassen, die in einer psychologischen Wahrheit wurzelt.

Nun könnten wir behaupten, daß wir nicht selbst wissen können, daß die Erde rund ist und sich bewegt. Aber Astronauten wissen, daß die Erde rund ist – aufgrund ihrer Erfahrung – und sie wissen, daß die Erde sich bewegt – auch aufgrund ihrer eigenen Erfahrung. Die meisten von uns besitzen entweder nicht das nötige Rüstzeug, oder sie sind nicht bereit, die nötigen Risiken auf sich zu nehmen, um selbst Erfahrungswissen zu sammeln. Wenn wir jedoch die nötigen Fähigkeiten und die Bereitschaft haben, bietet uns FACTICITY einige Hinweise, wie sich das mentale und spirituelle Terrain mit größerer geistiger Leichtigkeit bereisen läßt.

Die Erkenntnis, daß sich Gegensätze ergänzen,
kann eine „Lücke" im Geist verursachen

Um unseren Horizont über die Ebene unseres Geistes hinaus zu erweitern und zu einer wahren Erfahrung von Körper und Geist (oder zu was für Dimensionen auch immer) zu kommen, müssen wir bereit sein, unsere psychologischen Wahrheiten hinter uns zu lassen. Wir sollten sie schätzen für das, was sie sind, aber wir sollten von ihnen frei werden, um Wahrheiten von anderen Ebenen unserer Natur, jenseits der Psychologie (also des Geistes) zu erforschen.

Wenn wir tatsächlich aus Körper, Geist und Spiritualität bestehen, müssen wir versuchen, unsere Perspektive so weit zu erweitern, daß alle unsere Dimensionen und alle möglichen anscheinenden Widersprüche darin eingeschlossen sind. Letztendlich *ist* die Geist-Körper-Realität, in der wir leben, ein Paradoxon, einfach weil sie von Natur aus dual ist. Nur wenn Gegensätze sich absolut im Gleichgewicht befinden, heben sie sich gegenseitig auf, und keiner der beiden wird dann stärker anziehen oder abstoßen als der andere.

Der Zugang zu dieser Dimension spiritueller Einsichten ist leichter, wenn dieses Gleichgewicht von anscheinenden Gegensätzen besteht. Es geht darum, daß sie sich aufheben – und Platz schaffen für völlig neue Einsichten.

Das Selbst ist eine psychologische Wahrheit, die in der Erfahrung unserer Einzigartigkeit wurzelt. Das Nicht-Selbst ist eine Wahrheit anderer Art, die dennoch in der direkten Erfahrung unserer inneren Verbundenheit wurzelt. Vielleicht ist die Realität unserer Verbundenheit ähnlich wie die Realität der Erde, die sich um die Sonne bewegt und rund ist. Diese Wirklichkeit können wir erfahren. Und wir beginnen dann zu erkennen, daß wirklich niemand *und* doch jemand zu Hause ist. Wir überlassen es dabei dem Geist, kontinuierlich für Gleichgewicht zu sorgen. Gleichzeitig mit dem Gleichgewicht finden wir zu unserem Mittelpunkt, von dem aus wir uns in neue Dimensionen der Erfahrung jenseits des Geistes versetzen können.

Menschen, die das Gleichgewicht zwischen den psychologischen Realitäten von Selbst und Nicht-Selbst halten können, finden auch leichter zu ihrer Identität auf der spirituellen Ebene.

Betrachten Sie in der Abbildung unten links die Pflanze. Zunächst werden Sie nur die Blätter und den Topf sehen. Schauen

Eine positive und eine negative Fläche

Sie jetzt auf die Fläche zwischen den Blättern. Das ist doch eine ganz andere Art der Wahrnehmung! Und Sie sehen schließlich ganz andere Dinge. Wenn Sie nicht ein Künstler sind, der weiß, wie er „negative Flächen" nutzen kann, sind Sie wahrscheinlich daran gewöhnt, sowohl bewußt als auch unbewußt, die freien Flächen nicht zu bemerken und sich nur auf die Blätter zu konzentrieren – obwohl auch die Fläche erfahrbar ist.

Betrachten Sie das Bild auf diese Weise, dann ist es die *Fläche*, die das Vorhandensein der Blätter definiert. Wenn Sie die Blätter so malen, daß Sie nur die Fläche und nicht die Linien der Blätter selbst zeichnen, kommen Sie zum gleichen Bild, aber auf einem ganz anderen Weg. Es ist die vollständig andere Erfahrung, daß nämlich etwas aus nichts entsteht.

Wenn wir den Geist darauf aufmerksam machen, daß erstens die Fläche durch Erfahrung erfaßt werden kann und daß zweitens diese Betrachtungsweise in Ordnung ist, gerät die Fläche zwischen den Blättern, die vorher unbeachtet blieb, ins Zentrum der Aufmerksamkeit. Die Wahrnehmung des Nicht-Selbst kann ähnlich zustande kommen. Wenn wir unsere Betrachtungsweise ändern, gelangt das in den Vordergrund, was unsere Selbstwahrnehmung *definiert* oder geschaffen hat.

Joseph Goldstein (siehe Literaturverzeichnis) stellte einmal eine interessante Frage: „Gibt es wirklich das Sternbild des ‚Großen Wagen'?" Ich mußte darüber nachdenken. Den „Großen Wagen" gab es sicher in meiner Vorstellung, aber es gab ihn nur deshalb, weil mein Geist jene Sterne mit imaginären Linien verband, die wiederum *nur* in meinem Geist existierten. Also gibt es den „Großen Wagen", und es gibt ihn auch wieder nicht.

In der Sumiekunst (einer japanischen Maltechnik des Zen) werden Linien in unterschiedlichen Formen und Winkeln und in verschiedener Anordnung gezeichnet, ohne daß sie miteinander zu einem vollständigen, konkreten Bild verbunden werden. In diesem Prozeß wird die Fähigkeit des Unbewußten gefordert, diese für sich genommen bedeutungslosen Kritzeleien zu verbinden und etwas von Bedeutung daraus entstehen zu lassen – ein Gesicht, einen Baum, ein Tier, ein Haus, eine Blume.

Der Geist vervollständigt das Gezeichnete

Die geistigen Mechanismen, die auf der psychologischen Ebene dazu beitragen, daß wir ein Gefühl für uns als jemand – als „ein Wesen", das getrennt und stabil ist – bekommen, sind dieselben Mechanismen, die in der Sumiekunst gefördert und genutzt werden. Was hier auf der physiologischen Ebene geschieht, findet seine Parallele in der Linguistik: Dort tragen Nominalisierungen und transderivationale Phänomene (siehe Glossar *Nominalisierung* und *TDS*) zur psychologischen Realität des „Ich"-Gefühls bei.

Inhaltsfreie Meditation kann den Prozeß aufdecken, der zur Schaffung des „Ich" als einer konkreten Sache – als real und getrennt und unveränderlich – hinführt. Das Bedürfnis des Geistes, für alles, was von ihm erfahren wird, eine Bedeutung zu finden (siehe Glossar *TDS*), *zwingt* ihn, nach der Bedeutung zu suchen. Sogar die Erkenntnisse und Erfahrungen, die jenseits des Geistes gemacht werden, werden durch diesen Prozeß der Bedeutungsfindung geschleust und führen so zu einer mentalen Repräsentation, die solide und real erscheint.

Wenn wir unsere Identifikation mit unserem Geist (und den von ihm ausgelösten Emotionen) aufgeben und unser Geist nicht mehr bestimmt, *wer* wir sind, können diese Prozesse in jedem Augenblick deutlicher erfahren und verstanden werden.

Und es ist wichtig, immer mal wieder zu erinnern, daß uns eine gesunde Dis-Identifikation vom Geist frei macht, so daß wir uns voll mit unseren sinnlichen Erfahrungen in der Gegenwart assoziieren können (siehe Glossar *Assoziieren*).

Während meiner Sitzungen oder Trainings erlebe ich meine eigene Erfahrung des kreativen Fließens wie eine Serie von Wellen, die von Augenblick zu Augenblick entstehen und sich wieder auflösen. Ich habe gelernt, auf diesen Wogen zu reiten, indem ich sie in ihrer Intensität zulasse, mir dabei aber immer bewußt bin, daß sie nicht durch mich entstanden und vorhanden sind. Sie sind eher eine Art „Happening", ein kurzzeitiges Aktivsein, als irgend etwas anderes zu sein.

Auf der Woge der Kreativität reiten

Wenn jedoch die kreative Woge eine Weile abgeebbt ist, möchte ein Teil von mir den Verdienst für die entstandene Kreativität für sich in Anspruch nehmen. Ich weiß aber aus Erfahrung, daß diese Kreativität nicht von mir verursacht wurde. Und was noch wichtiger ist, wenn ich versuche, die Kreativität „geschehen zu *machen"*, gelingt es ganz sicher nicht. Kreativität entsteht nur dann, wenn „ich" aus dem Weg bin und eine innere Umgebung schaffe, die meine Gabe, kreativ zu sein, dazu bringt, zu fließen und sich ihren eigenen Ausdruck zu verschaffen.

Es ist faszinierend, diesen Prozeß zu beobachten: wie der Prozeß Ihrer eigenen Erfahrung durch mentale Mechanismen in Ihrem Geist Form annimmt und sich als das Gefühl eines getrennten Selbst oder Ego verfestigt. Sowie Ihnen dies allmählich immer klarer wird und immer stärker in Ihrer sinnlichen Erfahrung verankert ist, wird die Verbindung mit dem spirituellen Gefühl des Nicht-Selbst oder der Ganzheit immer häufiger geschehen. Und damit ergibt sich vielleicht noch eine weitere Antwort auf die Frage „Wer bin ich?" Oder vielleicht verschwindet der Fragende selbst ...

Und dieser andere Geist ...
kann jetzt fortfahren ...
mit der Schaffung neuer Möglichkeiten ...
auf Deine eigene Weise ...
er kann die Einzigartigkeit Deines Selbst widerspiegeln ...
zulassen, daß Du wahrnimmst ...
was Du gelehrt worden bist, nicht zu wissen ...
all das kann Dir immer mehr verfügbar werden ... jetzt...
genau so, wie es für Dich richtig ist ...

die verborgenen inneren Harmonien ...
enthüllen ihre Existenz ...
und währenddessen ...
nimmt Dein Verständnis Form und Gestalt an ...
zwei Dinge, die sehr entgegengesetzt scheinen ...
fließen zusammen ...
sie verhelfen einander immer wieder zur Existenz.

Kapitel 19

Facticity und NLP

... Suche nicht nach der Wahrheit; höre nur auf,
Meinungen zu pflegen ...
(Sengsten, Dritter Zen-Patriarch)

Das Neurolinguistische Programmieren (siehe Glossar *NLP*) erweist sich als ausgezeichnetes Rüstzeug für die Arbeit mit der subjektiven Realität. Und unter den NLP-Anwendern scheint täglich ein weiterer Schritt zu einem tieferen Verständnis getan zu werden. So wie das NLP-Modell heute jedoch zumeist praktiziert wird, bleibt es ein geschlossenes System, das keinen Weg *aus dem Geist heraus* kennt.

NLP betrachtet das Bewußtsein als ein Nebenprodukt der menschlichen Erfahrung; das heißt, seine Existenz hängt von der Existenz des Zusammenwirkens von Geist und Körper ab. Es wird definiert als ein Nebenprodukt der relativen Intensität der Signale der neuronalen Aktivitäten, das heißt, es ist in seiner Existenz abhängig von der Gehirntätigkeit. FACTICITY bezweifelt jedoch diese Grundthese.

Die Basis sowohl der östlichen als auch der westlichen Mystik ist die Existenz eines Bewußtseins *ohne* ein Objekt der Erfahrung. Diese Realität, auf die die Mystiker hinweisen, ist letztlich die Erkenntnis, daß wir nicht der Körper oder der Geist sind, sondern das, was Bewußtsein, Turiya (ein überbewußter Zustand, die siebte und letzte Stufe benannter Bewußtseinszustände), die vierte Dimension, So-Sein, Nicht-Geist oder anders genannt wird.

Als ein Modell für die Bewegung jenseits des Geistes nimmt FACTICITY die Verfügbarkeit vieler Stufen von Bewußtheit an, von denen mindestens eine die Geist-Körper-Phänomene transzendiert (oder das Bedürfnis, Gegensätze wie die von Subjekt – Objekt, Beobachter – Beobachteter zu erfahren, und sie als Vorbedingung für das Leben zu erkennen).

Die Transpersonale Psychologie (einer Fachrichtung, die über die unmittelbare Selbstwahrnehmung hinausgeht) untersucht außergewöhnliche Bewußtseinszustände und weist zunehmend deren Potential für Heilung und Veränderung nach. Erkenntnisse, die durch die Arbeit mit NLP entstanden sind, werden sicher die Forschung auf diesem Gebiet sehr beschleunigen.

Die Annahme, daß das Bewußtsein nicht mit dem biologischen Tod endet oder mit der biologischen Geburt beginnt, mag radikal erscheinen. Aber sie war durch alle Zeiten die Grundvoraussetzung der Mystik. Mit FACTICITY erklären wir dem Bewußtsein diese Annahme, und auf der unbewußten Ebene unterstützen wir die Erforschung dieser Annahme. Dazu gehört, daß wir zwei der Hauptpunkte, von denen die Mystiker sprechen, benennen sowie eine Bestätigung anbieten, die durch eigene Erfahrung gewonnen wird. Diese beiden sind erstens die Wirklichkeit von Gegensätzen (oder die Dualität) als eine Kreation des Geistes und zweitens die Ganzheit als unsere wahre Natur, die nur zu verstehen ist, wenn eine Dis-Identifikation von der Geist-Körper-Dynamik stattfindet.

Nach einem Modell von Gregory Bateson (einem britischen Anthropologen), nach dem jede Veränderung logische Ebenen aufweist, bleibt die spirituelle Ebene die „höchste" Ebene. Deshalb wird die Arbeit, die auf dieser Ebene geschieht, nach „unten" weitersickern und auf weiteren tieferen Ebenen eine automatische Neuorganisation und Veränderung bewirken. Es ist jedoch wichtig zu erkennen, daß wir nicht *direkt* mit der spirituellen Ebene arbeiten können.

Die Erkenntnisse von dieser Ebene unserer Natur müssen den Geist passieren, sobald wir versuchen, uns anderen mitzuteilen oder uns zu erinnern. Wir beginnen notwendigerweise *über* etwas zu sprechen, das dann bereits Löschung, Verzerrung und Verallgemeinerung (siehe Glossar *Löschung*) erfahren hat und durch die einzigartigen Filter unserer persönlichen Landkarten gegangen ist. Es scheint heute so, daß nur Menschen, die auf positive Weise die Identifikation mit ihrem Geist und Körper aufgeben können (man nennt sie häufig Erleuchtete oder Erweckte), die höchste Erfolgsrate verzeichnen, wenn es darum geht, anderen Menschen zu Einsichten über ihre spirituelle Natur zu verhelfen.

Geschichten über Mystiker berichten von einer großen Anzahl anscheinend bizarrer und unlogischer Verhaltensweisen von Mystikern im Umgang mit anderen Menschen. Sie lassen sich so erklären, daß diese Menschen Situationen geschaffen haben, um Suchende auf ihrem Weg jenseits des Geistes zu unterstützen.

FACTICITY hat sich einige dieser Mystiker zum Vorbild genommen und deren Modell (siehe Glossar *Modellieren*) von Sprachmustern, den Darstellungsmustern und ihrem Hinterfragen von Vorannahmen zusammengetragen und nutzbar gemacht. Zu ihnen gehören Schriften und Lehren verschiedener östlicher und westlicher Mystiker wie Sengsten, Heraklit, Buddha, Chuang Tzu, Laotse, Joseph Goldstein, Jack Kornfeld, Paul Reps und Osho, die teils noch leben, teils schon gestorben sind.

So wie Osten und Westen auf vielen neuen Wegen zusammenkommen, so ist es auch an der Zeit, zu untersuchen, wie die Erkenntnisse aus Methoden wie dem NLP und die Einsichten aus der Meditationspraxis zusammengefügt werden können. Dies ist auf der Identitätsebene möglich, indem eine Öffnung im System, eine Türe jenseits, aus dem Geist heraus geschaffen wird. Auch um diese Untersuchung geht es bei FACTICITY.

Kapitel 20

Facticity und Meditation

… Wenn der Schuh paßt, ist der Fuß vergessen.
Wenn der Gürtel sitzt, ist der Bauch vergessen.
Wenn das Herz am rechten Fleck sitzt,
sind „dafür" und „dagegen" vergessen …
(Thomas Merton in: *The Way of Chuang Tzu*)

FACTICITY stützt sich auf mystische Lehren und auf die persönlichen Erkenntnisse vieler moderner suchender Menschen – es umfaßt auch meine eigene Reise nach innen, die vor etwa 20 Jahren begann. Die Einsichten, die man aus Meditationen gewinnt, haben für den modernen Menschen unschätzbaren praktischen Wert. **Zudem ist Meditation Ausgleich für alle, die viel mit dem Verstand arbeiten.**

In einer Kultur, in der neue Technologien mit Lichtgeschwindigkeit entstehen und in der traditionelle ethische Grundlagen täglich bröckeln, scheinen neue umwälzende Betrachtungsweisen gefragt zu sein. Aus der Zusammenstellung von Wissen, das auf NLP-Anwendung zurückgeht, und von Erfahrungen während der Meditation kann sich etwas sehr Nützliches ergeben.

Menschen, die in Meditationsgemeinschaften praktizieren, erkennen auf der ganzen Welt, daß Meditation allein nicht, wie man angenommen hatte, zu geistiger Gesundheit führt. Infolgedessen kommen viele, die sich in der Meditation üben, zur Psychologie zurück, um in Geist und Psyche die alten Konditionierungen, Ängste und nicht verheilten Wunden zu beseitigen. Trotzdem bleibt die Verwirrung darüber, daß die Erkenntnisse, die während der Meditation erfahren werden, nicht automatisch zu neuem Verhalten führen.

FACTICITY baut auf dieser Frage auf und sucht im Bereich der unbewußten Kommunikation nach Antworten, sowohl mit Ericksonscher Hypnose als auch mit NLP (siehe Glossar *Ericksonsche Hypnose* und *NLP*). Schon zu Beginn dieses Buches habe ich betont: Egal, ob wir nur einfach ein Verhalten ändern wollen (zum Beispiel keinen Kaffee mehr zu trinken) oder ob wir unser Leben so verändern wollen, daß wir jeden Augenblick bewußt und urteilsfrei erleben, immer muß das *Unbewußte* überzeugt sein, daß die Entscheidung richtig ist, sonst wird kein neues Verhalten zugelassen.

Das Unbewußte ist für das Verhalten zuständig, und ohne seine Zustimmung findet keine Veränderung statt.

Mit FACTICITY bringen wir diese beiden Wissensgebiete (also NLP und Meditation) zusammen. Dank NLP können wir die geistigen Mechanismen erkennen, durch die subjektive Erfahrungen sowie die Dualität entstehen, und wir können dann diese Mechanismen neu organisieren. Damit können diejenigen von uns, die meditieren, zu tieferen geistigen Einsichten gelangen, und die eigene Haltung wird sich entspannen können. NLP bietet den Meditierenden wirksame Methoden, um die notwendige psychologische Entrümpelung schneller zu bewältigen.

Wer meditiert kennt den Wert wahlfreier Bewußtheit und wird erfahren, daß NLP diesen Bewußtseinszustand schneller erreichbar macht. FACTICITY respektiert die *Grundstruktur* des Geistes, die gleich bleiben muß, und es untersucht zudem, wie ein neues *Reaktionsmuster* entstehen kann. Wenn eine Erfahrung vom Geist aufgenommen wird und von ihm ganz natürlich in zwei Teile aufgespalten wird, dann kann sie nun auch durch einen Filter aufgenommen werden, der ihr die Chance der Wahlfreiheit läßt – eine Chance, die auf dem Erfahrungswissen beruht, daß wir alles vermögen. Dann muß nichts mehr geleugnet werden. Wir müssen nicht gegen etwas sein. Und wir müssen genausowenig für etwas sein. Die Devise heißt einfach: sein.

Spiegelungen

Die Meditation bietet für NLP-Anwender und -Interessierte Einsichten in die Natur der Wirklichkeit jenseits des Geistes, und sie bietet eine Methode, um die Türen des Hauses zu öffnen, bevor die Luft schlecht und abgestanden ist. Ein Modell des Geistes, das keinen Weg nach außen aufweist, paßt nicht zur Erfahrung *der* Menschen, die die inneren Räume erkunden. Inhaltsfreie Meditation, egal ob in ihrer aktiven oder passiven Form (siehe Glossar *Inhaltsfreie Meditation*), ermöglicht Erfahrungen, die über die Ressourcen des gegenwärtigen NLP-Modells hinausgehen. FACTICITY macht einen ersten Schritt auf dem Wege zu einer Annäherung der beiden Methoden.

Unsere Welt zerstört sich in ihrer Schläfrigkeit täglich selbst. Es ist unbedingt nötig, bewußte und urteilsfreie Wahrnehmung zu entwickeln. NLP bietet die Methoden, um den Geist zugunsten des Herzens zu schulen – und es macht so die nächste Wahl möglich: die der wahlfreien Wahrnehmung. Die Voraussetzungen, die Möglichkeiten zu erforschen, *wie* wir leichter in den Bereich jenseits des Geistes gelangen, sind bereits in jedem vorhanden.

Nichts hat mich persönlich bisher stärker beeindruckt als die Entdeckung dieses Bereiches jenseits des Geistes. Ich bin erstaunt darüber, daß mein Geist mittlerweile bereit ist, seine Kreativität und Kraft einzusetzen und mich gerade jetzt zu akzeptieren ... jetzt ... und jetzt. Mein Herz war noch nie so oft voller Dankbarkeit dem Leben gegenüber, voller Dankbarkeit über meine zunehmende innere Bereitschaft, das Leben so anzunehmen, wie es ist.

Ich arbeite seit Jahren mit meinem Geist und mit dem Geist anderer Menschen, sowohl auf der bewußten als auch auf der unbewußten Ebene, und dennoch ist er ein großes Geheimnis geblieben. Unsere Anerkennung für das Geheimnis und den Zauber scheinen immer noch ein wenig mangelhaft zu sein – das kindliche Staunen, die Mahnung, daß wir nur auf einer Reise von hier nach hier sind und daß es unsere einzige innere Aufgabe ist, einfach ganz natürlich zu sein, wo wir sind und wer wir sind und sich den Prozeß entfalten zu lassen.

Kapitel 21

Der Einfluß von Facticity auf die traditionelle Therapie

… Wer nur Recht ohne Unrecht und Ordnung ohne Unordnung haben will, versteht die Prinzipien von Himmel und Erde nicht. Er weiß nicht, wie die Dinge zusammenhängen. Kann ein Mensch sich nur an den Himmel klammern und nichts von der Erde wissen? Sie hängen zusammen; das eine zu kennen, heißt auch, das andere zu kennen. Lehnt man eines ab, lehnt man damit beides ab. Kann ein Mensch sich an das Positive klammern, ohne das Negative zu sehen, wo doch das Positive erst durch den Kontrast als positiv erkennbar ist? Wenn er das beansprucht, ist er ein Schurke oder ein Verrückter …
(Thomas Merton in: *The Way of Chuang Tzu*)

Der Hauptunterschied zwischen einerseits der traditionellen Therapie und Beratung und andererseits Ansätzen wie dem NLP ist die unterschiedliche Betonung von Form und Struktur gegenüber dem Inhalt. NLP arbeitet vorwiegend mit der Form und der Struktur unserer Erfahrung, während die herkömmliche Therapie mehr Wert auf den Inhalt unserer Erfahrung legt. In welche Richtung unser Geist uns auch führt, das Bewußtsein des Therapeuten oder Beraters hat einen Anteil am Prozeß, und zwar einen gewichtigen.

Wenn das Bewußtsein des Helfers „un-normal" ist, kann er wahrscheinlich den Klienten um so besser als *im Augenblick in Ordnung* betrachten, also als eine Person, die wirklich okay ist, egal, wie sie sich gerade verhält.

Die Beschreibungen für die beiden Typen von Helfern sind gewöhnlich sehr gegensätzlich: NLP-Anwender bezeichnen traditionelle Therapeuten oft als im Grunde unfähig; sie brächten jedoch für den Heilungsprozeß sehr viel Herzenswärme auf. Klassische Therapeuten berichten von NLP-Beratern, daß sie oft durchaus in der Lage seien, Veränderungen herbeizuführen, daß dies aber manipulativ geschehe und ohne wirkliches Mitempfinden für die Schmerzen des anderen. FACTICITY sähe gerne die besten Merkmale von beiden Extremen in einer Person und Methode verbunden.

Jeder von uns hat beide Fähigkeiten. Mit FACTICITY arbeiten wir daran, Spaltungen jeder Art beim Berater selbst zu heilen. Ein herausragender Geist ohne eine Verbindung zum Herzen kann uns nur in die Irre führen. Ein Herz, das keinen Zugang zu den Erkenntnissen des Geistes hat, erreicht nie die Stärke und die Klarheit, um den modernen Menschen aus seinem Irrgarten herausführen. Herz und Geist sind nur gemeinsam stark genug, um uns allmählich immer leichter zur Weisheit unseres Wesens und zu den offenen Geheimnissen unserer spirituellen Natur zu leiten.

Der Gedanke, die Kraft des Geistes zu nutzen, um jenseits des Geistes zu gelangen, wird viele Meditierende erschauern lassen.

Zudem wird der Gedanke, Herzenswärme in die *Struktur* der Subjektivität einzubringen, bei vielen NLP-Anwendern Schmerzen verursachen.

Der gemeinsame Tanz von Himmel und Erde

Wie auch immer: Viele NLP-Berater und auch andere Therapeu-
ten berichten, daß sie in eine Art Sackgasse geraten seien. Die
Praxis sei verbessert, aber es müsse noch mehr geschehen. Und
Meditierende wissen, daß Meditation zwar hilft, daß aber der
Prozeß zu lange zu dauern scheint und nicht alle psychologi-
schen Probleme lösen kann.

Therapeuten und NLP-Anwender müssen zu den Abenteurern
gehören. Unsere Lebenszeit ist zu kurz, als daß wir mehr erreichen könnten als eine Annäherung, ein Sammeln aller Stärken
und Ressourcen und ein Vertrauen darauf, daß wir einen anderen
Weg finden können. Weder das Herz noch der Geist allein werden unsere Welt oder uns selbst verändern. Wir brauchen beides,
und gemeinsam, Hand in Hand, kann eine Brücke zum Jenseits
des Geistes geschaffen werden.

Wenn Sie also daran interessiert sind, einen anderen Weg zu
erforschen, sind Sie eingeladen, sich diesem Tanz anzuschließen
und die ergänzende Natur von beidem zu entdecken – von Wissenschaft und Spiritualität, von Herz und Geist, von Erde und
Himmel, vom Sichtbaren und Unsichtbaren …

Anhang A
Die Grundannahmen von Facticity

... Sie können nicht immer auf dem Gipfel bleiben. Sie
müssen auch wieder herunterkommen, warum sich also
überhaupt bemühen? Ganz einfach. Was oben ist, weiß,
was unten ist, aber was unten ist, weiß nicht, was oben
ist. Man steigt hinauf, und man sieht; man steigt ab, und
man sieht nichts mehr, aber man hat es gesehen. Es ist
eine Kunst, sich in den niederen Regionen von den
Erinnerungen an das, was man weiter oben gesehen hat,
leiten zu lassen. Auch wenn man nicht mehr sieht, kann
man es zumindest immer noch wissen ...
(Rene Daumal in: *Mount Analogue*)

Die Grundannahmen von FACTICITY sind folgende:
1. Das *Bewußtsein* existiert jenseits der Erscheinungen von Geist
   und Körper ohne ein Objekt. Es braucht weder die Beziehung
   von Objekt und Subjekt noch die von Beobachter und Beob-
   achtetem.
2. Diese Ebene des Bewußtseins erschließt sich den Menschen
   durch eigene *Erfahrung*.
3. Das Bedürfnis, die Ebene des Bewußtseins zweifelsfrei zu
   erfahren, ist ein angeborenes Verlangen der menschlichen
   Psyche.

4. Bewußtes Erfahren der natürlichen Gegebenheit der Gegensätze kann einen Wandel in der menschlichen Psyche bewirken. Damit entwickelt sich die Sehnsucht, sich dem *Bereich jenseits von Geist und Körper* zu öffnen.

Anhang B
Die Unendlichkeit entlanggehen – Ein Modell für die Veränderung des Richtungsfilters

… Unser Denken schafft Probleme, die auf derselben
Ebene des Denkens nicht gelöst werden können …
(Albert Einstein)

(Die folgende Methode wendet sich vorwiegend an Menschen, die mit Klienten oder anderen Menschen arbeiten. Hier werden viele Hinweise gegeben, die auf der Annahme beruhen, daß der Leser oder die Leserin NLP-Erfahrung oder -Kenntnisse besitzt. Für alle anderen werden die NLP-Fachbegriffe im Glossar kurz erläutert – sie sind im Text durch einen entsprechenden Hinweis markiert. Das Transkript einer Demonstration von Ragini Elizabeth Michaels mit einer Seminarteilnehmerin gibt – unabhängig von NLP-Kenntnissen – jeder Leserin und jedem Leser einen gelungenen Einblick in die Arbeitsweise und in die Möglichkeiten der FACTICITY-Methode und ihrer philosophischen Grundhaltung. Anm. d. Vlg.)

Um bei der Arbeit mit Klienten oder anderen Personen die Möglichkeit der Wahlfreiheit so zu installieren, daß sie ihrem Unbewußten verständlich wird, müssen diese Menschen zunächst die nötigen Ressourcen auf der spirituellen Ebene erfahren haben. Erst durch die konkrete Erfahrbarkeit können wir eine anstehende Veränderung auch als ökologisch sinnvoll anerkennen. Voraussetzung ist außerdem, daß der Klient oder die Klientin sicher ist, daß er oder sie die Möglichkeit der Wahlfreiheit *wünscht* und daß er oder sie versteht, welche Bedeutung und welcher Wert dem zukommt. Auf diese Weise werden die meisten der bewußten Einwände im vorhinein berücksichtigt sein.

Gewöhnlich wird vor einer tiefergehenden Sitzung auch viel mit Trance (siehe Glossar) gearbeitet und/oder mit Meditation – wichtig ist, daß die alltäglichen sinnlichen Erfahrungen bewußt wahrgenommen werden. Da bei dieser Arbeit der Verstand nicht aktiv beteiligt ist, müssen die Klienten mit dieser Art von Erfahrung umzugehen wissen. Mit anderen Worten, die Klienten müssen bereits erfahren haben, wie es ist, einfach zu „sein", einfach die sinnlichen Eindrücke des Augenblicks aufzunehmen. Sie sollten in der Lage sein, bloße Aufmerksamkeit zu erfahren und sich währenddessen zu entspannen.

Bei dieser Art, an Veränderungen zu arbeiten, verwenden wir das Unendlichkeitssymbol, um den Fluß der Gegensätze darzustellen. Das gelingt sehr gut, da mit ihm auch visuell ein Ort angeboten wird, an dem das Gleichgewicht zwischen zwei extremen Punkten möglich wird und der einen beständigen Fluß der Bewegung vor und zurück zuläßt.

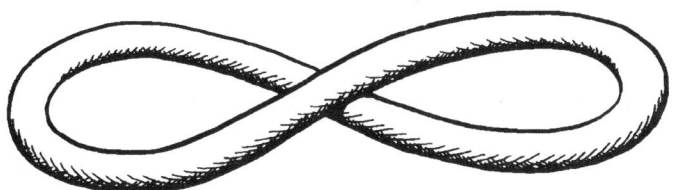

Unendlichkeit

Als erster Schritt wird das Gegensatzpaar benannt, mit dem gearbeitet werden soll. Dann legen Sie das Unendlichkeitssymbol mit geeignetem Material aus oder markieren es auf irgendeine andere Weise. Lassen Sie den Klienten in den Mittelpunkt treten, und lassen Sie ihn bestimmen, welcher Gegensatzpol seiner Lebenserfahrung an welchem Ende präsentiert werden soll. Dann lassen Sie den Klienten beide Orte *mit sehr detaillierten Submodalitäten* beschreiben (siehe Glossar *Submodalitäten*). Beobachten Sie seine Physiologie sehr genau.

Wenn die Physiologie sehr starke Reaktionen zeigt, müssen Sie entsprechende unterstützende Ressourcen mit in den Prozeß einbringen und ankern (siehe Glossar *Ressourcen* und *Ankern*), bevor der Klient voll assoziiert (siehe Glossar *Assoziieren*) die Unendlichkeitsschleife entlanggeht.

Lassen Sie den Klienten nun von der Schleife (als dem Symbol der Unendlichkeit) zurücktreten, und legen Sie mit ihm fest, wie seine Einstellung gegenüber diesen beiden Lebenserfahrungen in Zukunft aussehen soll. Die positive Absicht und der Wert jeder Erfahrung müssen klar festgelegt werden, falls das noch nicht geschehen ist. Wenn die Physiologie sehr stark zeigt, daß dieses

Thema problembelastet ist, müssen Sie vielleicht mehrere Meta-positionen einrichten (siehe Glossar *Metaposition*), um dem Klienten eine weitere Sichtweise zu ermöglichen. Wichtig ist, daß jede nachfolgende Metaposition tatsächlich als „höher" erlebbar ist als die vorhergehende. Wir verwendeten zum Beispiel unter-schiedlich hohe Sitzgelegenheiten.

Der Klient soll dann mit Ihrer Unterstützung *die* Ressourcen finden, die er für das genannte Ziel braucht. Er soll sich an-schließend diese Ressourcen selbst auf der Zeitlinie „holen" (siehe Glossar *Zeitlinie*) – sowohl in der Vergangenheit als auch in der Zukunft, das heißt nach dem Eintreten der gewünschten Situation. Auch für die Arbeit auf der Zeitlinie nutzen Sie das Unendlichkeitszeichen.

Wurden die Ressourcen geankert und ist die Physiologie im Ressourcezustand stärker als die Problemphysiologie, kann der Klient auf die Unendlichkeitsschleife treten und sie abgehen, während der Ressourcenanker aktiviert bleibt und den Prozeß unterstützt. Dabei muß sichergestellt sein, daß die Klienten so beginnen, daß er oder sie in die neue Erfahrung *hinein*geht. Nach einer Weile kann die Richtung gewechselt, somit eine weitere Dimension der Erfahrung eröffnet werden.

Als Berater laufen Sie an seiner oder ihrer Seite mindestens zwei Runden mit, um den Fluß der Bewegung und der Aufmerksam-keit zu erhalten und den Ressourcenanker zu aktivieren. Gleich-zeitig benutzen Sie Trancesprache (siehe Glossar *Trance*), um die Veränderungen, die im Gehen zustande kommen, zu festigen. Die Klienten werden damit vertraut gemacht, wie es sich anfühlt, wenn sie beide Zustände lassen, wie sie sind, und sich weder zum positiven Zustand hingezogen noch vom negativen Zustand abgestoßen zu fühlen. Sie werden dabei von ihren eigenen Ressourcen und durch Sie unterstützt.

Wenn der Klient oder die Klientin diesen Gang beenden möchte, lassen Sie ihn oder sie vom Mittelpunkt der Schleife in eine Metaposition treten, in der er oder sie von sich und dem Prozeß ein wenig distanziert ist. Lassen Sie sich Feedback geben.

Nun betritt der Klient wieder die Zeitlinie – und zwar diesmal in der Gegenwart mit Richtung vorwärts in die Zukunft: Die Unendlichkeitsschleife dient ihm dabei zur Orientierung. Er stellt sich dabei vor, daß diese unbegrenzt weiterreicht, während er so weit in die Zukunft geht, wie es ihm möglich ist. (Er erfährt hier neue positive Zustände, die ihm hilfreich sind. NLP nennt auch das „Ressourcen". Anm. d. Vlg.) Nun dreht sich der Klient um, blickt in die Vergangenheit und geht mit den neuen Ressourcen soweit wie nötig zurück – und zwar so weit, daß er all die Wunden heilen kann, die in der Vergangenheit durch Mißverständnisse entstanden sind. (Achten Sie darauf, daß die Unendlichkeitsschleife beim Gehen weiterhin als Orientierung unter den Füßen der Klienten bleibt.)

Ist der Anfangspunkt wieder erreicht, lassen Sie ihn in die Zukunft sehen. Der Klient schickt in seiner Vorstellung seine neue Erkenntnis nach vorne in die Zukunft, um die neue Auffassung zu festigen und seine neu errungenen Wahlmöglichkeiten auf den gesamten Raum seines Lebens auszubreiten. Anschließend lassen Sie den Klienten vorwärts gehen mit dem Ziel, auf der Zeitlinie zu neuen Erinnerungen zu gelangen. Die Unendlichkeitsschleife symbolisiert bei jedem Schritt den

Lebensfluß unter seinen Füßen, während er in seinem Zentrum und in einem beständigen Prozeß des Gleichgewichtfindens bleiben kann. Wenn er ins Jetzt zurückkommt, übergibt er seine Erkenntnis als Geschenk an *den Teil* seiner Persönlichkeit, der er in der Gegenwart ist. Er tritt von der Gegenwart hinein in eine Metaposition.

Lassen Sie sich aus der Metaposition heraus Feedback geben über den Persönlichkeitsanteil, der gerade auf der Zeitlinie aktiv war. Dann tritt der Klient wieder auf die Mitte der Unendlichkeitsschleife, also in die Gegenwart. Von hier beschreibt er die aktuellen Submodalitäten so, wie sie sich jetzt zeigen. Sie sollten von ihrem Inhalt und von ihrer Gefühlsregung her vollständig anders sein als vorher.

Bei dieser Arbeit ist es wichtig, verstärkt darauf hinzuwirken, daß der Klient sich nicht mit der Person identifiziert, die auf der Schleife (das heißt durch die Zeit und den Raum) entlanggeht und mit Geist und Körper erfährt, daß Gegensätze für ihn erfahrbar sind. Dafür muß er besonders auf seine jeweilige Wahrnehmungsart achten – diese unterschiedlichen Einsichten sollten in seiner Sprache zum Ausdruck kommen.

Transkript einer Demonstration
Die Unendlichkeit entlanggehen

Chiara (= C.) und Ragini (= R.)

R.: Chiara, womit möchtest du arbeiten?

C.: Annahme und Nichtannahme.

R.: Was ist der Gegensatz von Annahme, ohne eine Negation.

C.: Nichtannahme – ach, ich weiß es nicht – was denn?

R.: Wie wäre es mit Ablehnung?

C.: Aber ja, das ist es. (*Errötet.*)

R.: Ist das in Ordnung, wenn wir damit arbeiten? Annahme und Ablehnung?

C.: Ja.

R.: Siehst du dort die Unendlichkeitsschleife? (*R. hat diese bereits vor sich auf dem Boden mit schwarzem Stoff ausgelegt. C. nickt zustimmend.*)

R.: Stellst du dich bitte auf den Mittelpunkt und zeigt mir, welches Ende für dich Annahme und welches Ablehnung bedeutet?

(*R. tritt in die Mitte und zeigt nach rechts für Annahme und nach links für Ablehnung.*)

R.: Kannst du mir beschreiben, wie du das dort erlebst?

C.: Dieses Ende (*sie zeigt auf Annahme*) ist außerordentlich weich und gerundet und warm und feucht und riecht nach Honig. Es ist honigfarben. Und es ist wie Muttermilch. Es sieht aus wie die Brüste einer Mutter, und es fühlt sich auch so an. Ich fühle mich stark angezogen. (*Die Physiologie reagiert hier sehr intensiv.*) Ich möchte es haben. Ich fühle mich wie benommen. Und von da kommt ein Summen und ein Herzschlag. Aber alles fühlt sich sehr feucht und tropfend an.

R.: Und wie ist das andere Ende?

C.: Oh, das ist so kalt und scharf. Es fühlt sich an wie Metall, so mit vielen Spitzen, wie Dornen. Es hat die Farbe einer Pistole, und es klingt wie Metallteile, die aneinanderstoßen, verstehst du, wie eine Rüstung. Es ist so hart. Es fühle mich wirklich davon bedroht. Es ist ganz dunkel. Ich möchte da nicht näher hin. (*Wieder reagiert ihre Physiologie sehr stark.*)

R.: Ist gut. Du kannst vom Mittelpunkt hierher kommen. (*R. zeigt auf die erste Metaposition auf einem niedrigen Stuhl. Wenn sich C. dorthin stellt, wird sie ihre Aufmerksamkeit auf den Persönlichkeitsteil lenken können, der in Aktion ist; Anm. d. Vlg.*) Also Chiara, wie möchtest du, daß sie dort drüben diese beiden Erfahrungen betrachtet?

C.: Sie muß einen Standpunkt haben, so als stünde sie auf dem Rand einer Münze, wo sie das von weiter oben sehen kann und ich dann mit so etwas wie Gleichgewicht darauf eingehen kann.

(Sie wird immer noch in die Physiologie der beiden Zustände hineingezogen, was sich an den Veränderungen ihrer eigenen Physiologie zeigt und wenn sie sprachlich von „sie" zu „ich" wechselt. Das heißt, C. hat sich auf dieser Metaposition noch nicht genug von dem aktiven Persönlichkeitsanteil distanziert; Anm. d. Vlg.)

R.: Chiara, komm hierher *(R. zeigt auf die zweite Metaposition auf einem etwas höheren Stuhl),* damit du mehr Abstand *(C. bewegt sich)* zu diesem Du dort drüben bekommst, das sie auf der Unendlichkeitsschleife beobachtet.

C.: (Ihre Physiologie verändert sich jetzt deutlich zu einem neutralen Zustand. Sie stößt einen tiefen Seufzer aus, als sie auf sich zurücksieht, wie sie aus der ersten Metaposition die Schleife betrachtete.) Was für eine Erleichterung! Mir war nicht klar, daß sie nicht wußte, daß es möglich ist, von diesem Muster befreit zu sein! *(Als sie spricht, verändert sich ihre Physiologie wieder.)* Ich sehe immer wieder, wie mir diese großen Haken entgegenkommen, und ich sehe dieses große Fischmaul, das wie ein Fischkopf gleich nach den Haken schnappen wird. *(C. zeigt mit ihrem Mund und ihrer Hand, wie sie an einen Haken gerät und weggezogen wird.)* Und ich will schon die ganze Zeit zur Seite treten, damit diese Haken ihren Weg nehmen können, ohne daß *ich* auf die Haken genommen werde.

R.: Kannst du jetzt den Fisch und die Haken kleiner machen?

C.: (Sie nickt zustimmend, gleichzeitig seufzt sie, und auf ihrem Gesicht zeigt sich Entspannung.) Es ist nicht mehr in meinem Gesicht. Aber ich habe das Gefühl, daß ich mehr Platz brauche. *(Sie schwenkt die Arme um sich.)*

R.: Warum gehst du nicht dort hinüber, um den anderen Blickwinkel zu bekommen, den sie für eine höhere Perspektive braucht.

C.: (Sie bewegt sich zu der angedeuteten Position, jetzt die dritte Metaposition, einem Stuhl, der wieder etwas höher ist als die beiden ersten.) Sie müßte so etwa im 30. Stockwerk eines Hochhauses sein und hinunterschauen, und sie muß die Strukturen und die Unterschiede der Landschaft sehen und sie alle gleich betrachten können. *(Als sie spricht, zeigt sich noch eine andere Physiologie – aufrechte Haltung, der Kopf erhoben, gleichmäßige Atmung, leise Stimme, gleichmäßiger Sprechrhythmus.)*

R.: Hast du diese Erfahrung schon einmal gemacht, Chiara, dieses Sehen aus einer höheren Perspektive?

C.: Ja, jetzt schon mehrmals, aber ich traue dem nicht wirklich. *(Jedes Mal, wenn sie auf die Unendlichkeitsschleife blickt, zeigt sie Anzeichen der Problemphysiologie.)*

R.: Chiara, ich nehme die Schleife für eine Weile weg, ist das in Ordnung für dich?

C.: Oh ja! *(Die Schleife wird entfernt.)*

R.: Legen wir deine Zeitlinie fest *(C. soll sich ihr Leben als Linie vorstellen; Anm. d. Vlg.).* In welcher Richtung ist deine Vergangenheit. *(R. und C. legen Vergangenheit, Gegenwart und Zukunft fest.)* In Ordnung. Also Chiara, kannst du dich jetzt an Zeiten in deinem Leben erinnern, als du deiner Erfahrung getraut hast? *(C. zieht die Nase kraus und zwickt die Augen zusammen.)* Wie ist das, vertraust du deinen Händen, wenn du massierst? *(Sie ist sowohl als Masseurin als auch als Ausbilderin sehr erfolgreich.*) Geh deine Vergangenheit im Hinblick darauf durch, und beobachte, was dir in den Sinn kommt.

C.: Ja, ich habe ihnen einige Male wirklich vertraut.

R.: Gut, dann möchte ich, daß du davon die stärkste Erfahrung auf deiner Zeitlinie findest, hineingehst und sie erlebst. Ich möchte, daß du es jetzt wirklich fühlst. (*C. findet ein oder zwei, die geankert werden; aber auch als die Erfahrungen gestapelt werden, ist die Physiologie nicht stärker als die Problemphysiologie. Siehe Glossar „Ankern".*) Komm hier herüber in diese Position, Chiara. (*R. deutet auf die dritte Metaposition.*) Kannst du dich an eine Zeit erinnern, in der du diese erhöhte Perspektive hattest und wirklich über allem gestanden bist? Geschieht das bei deinen spirituellen Übungen?

C.: Ach ja, du meine Güte, wenn ich in der Meditation bin und tanze. Ich weiß, daß ich dann meiner Erfahrung trauen kann. Ich kann fühlen, daß mein Körper weiß, was er tun muß, damit das Tanzen geschieht. Es ist einfach fantastisch! (*R. läßt C. auf der Zeitlinie in diese Erfahrungen gehen und ankert sie.*)

R.: Chiara, jetzt nimmst du diese mit (*sie hält beide Anker und übergibt ihr damit die unterstützende Kraft ihrer eigenen Erfahrung*), trete auf deine Zeitlinie, und geh an diesen Punkt in der Zukunft, wo du das Vertrauen schon erlebst. (*C. bewegt sich und eine neue Physiologie zeigt sich.*) Dann geh weiter in die Zukunft, und finde eine Stelle oder eine Zeit, wo du noch etwas mehr vertrauen kannst.

C.: (*Sie bewegt sich wieder vorwärts.*) Ich vertraue dieser Stelle nicht wirklich. Sie scheint nicht so real zu sein wie die dort hinten. Der habe ich mehr vertraut.

R.: Also, dann komm hierher. (*R. deutet auf die dritte Metaposition.*)

C.: Oh, ich möchte etwas hinzufügen. Ich dachte gerade daran, daß ich gestern etwas gefunden habe.

R.: Wo auf deiner Zeitlinie ist es geschehen?

C.: (*Sie zeigt darauf, tritt an der entsprechenden Stelle hinein und erinnert diese Erfahrung.*) Ja, ich habe dieses innere Fenster gefunden. Ich kann es jetzt fühlen, und mein ganzes Wesen ist durchscheinend und durchsichtig mit diesem riesigen Fenster auf die Natur. Ich sehe Bäume, und ich sehe verschiedene Farben und verschiedene Strukturen, und der Wind bläst. Ich fühle mich innerlich dreidimensional. Viel Atem und viel Raum. Und der Wind bewegt sich durch die Natur so wie der Atem durch mich, und es ist ein ganzes Universum – in mir drinnen. (*Ihre Stimme wird immer langsamer und von tiefen Atemzügen und Seufzern unterbrochen.*) Ich fühle mich innerlich so beruhigt, da ich mit meinem Innersten verbunden bin, ich weiß, wer ich bin und woher ich komme. Ich bin ein Universum für mich, und die Welten um mich herum sind für sich selbst das gleiche. (*R. nimmt die Anker weg.*) Ich fühle mich wie ein Baum, umgeben von Bäumen, und ob sie ihre Blätter zu einer anderen Zeit verlieren, oder ob sie sich in einem unterschiedlichen Rhythmus im Wind biegen, das spielt für mich keine Rolle, da ich mein eigener Baum bin. Und der Tanz der anderen hat keinen Einfluß auf meinen Tanz. Wir können zusammen tanzen. (*Die Ressourcen-*

physiologie ist jetzt stärker als die Problemphysiologie geankert, so daß mit der Unendlichkeitsschleife weitergemacht werden kann.)

R.: Gut, Chiara, behalte das jetzt bei, wir werden uns gleich in die Gegenwart bewegen, und wenn du dort nach vorne schaust, kannst du sehen, daß die Unendlichkeitsschleife jetzt auch dort ist. (*Der Stoff oder anderes Material wird oft nur am Anfang benutzt, damit der Klient die Form der Unendlichkeitsschleife kennt.*) Und während du vorwärts gehst zu diesem Mittelpunkt, weißt du, daß dies sich jetzt mit dir bewegt. (*Die Anker werden gehalten. C. erreicht den Mittelpunkt der Unendlichkeitsschleife, der die Gegenwart bedeutet, und bleibt stehen.*)

Jetzt, Chiara, kannst du vorangehen und auf der Schleife entlanggehen, und du weißt, daß du jetzt diese Ressourcen mit dir nimmst, diese erhöhte Perspektive, dieses Vertrauen in deine Erfahrung, dieses Wissen, daß du du bist, ein Universum für dich selbst. (*R. vergewissert sich, daß C. zuerst auf der Seite zu dem Ende vorwärtsgeht, das ihr innerlich näher steht. Kinesiologische Untersuchungen bestätigen, daß Vorwärtsgehen den physiologischen Zustand verbessert.*) Und während du in die Annahme hineingehst (*C. bewegt sich jetzt vorwärts, während R. sie sanft leitet. R. agiert als die Kraft des Lebens, die C. durch die Anwesenheit der Gegensätze bewegt. R. hält die Anker – wobei sie weiterhin hypnotische Sprache benutzt*) kannst du diese Ressourcen fühlen, die jetzt deine eigenen sind.

Du kannst diese Klebrigkeit wegschmelzen, so daß ein glatter Durchgang entsteht, durch den du jetzt bequem durchgehen kannst. Du kannst zulassen, daß sich diese quälende Sehnsucht nach Annahme mit jedem weiteren Schritt mehr und mehr auflöst, während du von dieser Stelle hoch über allem beobachtest – von dieser erhöhten Perspektive, die jetzt deine eigene geworden ist. Deine eigene! Und während du dich jetzt in die Erfahrung der Ablehnung bewegst und dabei voll dieses Gefühl einer weiträumigen Unabhängigkeit behältst, bleibst du frei, du zu sein, so wie du bist. Und du kannst dann beobachten, daß diese Schmerzen und jene unangenehmen Gefühle leichter werden und leichter dir die Freiheit wiedergeben, während du von dieser Stelle, auf der du über alles blickst, die Strukturen und die Farben und die veränderliche Bewegung wahrnimmst ... (*Als C. weitergeht, bestimmt ihre Physiologie, was R. sagt und wie lange R. die Anker hält und spricht. Die Ressourcenphysiologie wird immer stärker, während C. weitergeht.*)

C.: Anfangs konnte ich wirklich fühlen, wie ich zu „Annahme" hingezogen wurde und weniger fähig war, in Richtung Ablehnung zu gehen, aber jetzt, ganz schnell, bekomme ich langsam den Dreh raus. (*Ihre Stimme ist verhalten und langsam und von Seufzern und tiefen Atemzügen unterbrochen.*) Ich kann jetzt die neue Perspektive fühlen, ich kann nach unten blicken und sehe das, was ich mochte und was ich nicht mochte von verschiedenen Punkten. Und ich kann dennoch spielend leicht darum herumgehen. Es ist erstaunlich. Genauso kommt ein Tanz zustande. Kann ich die Richtung wechseln? (*R. gibt zu verstehen, daß sie das tun kann.*) Toll, das ist wirklich wie ein anderer ausgeglichener Blickwinkel, eine andere Betrachtungsweise, und ich kann es dennoch tun. Ich habe das Gefühl, daß ich den Dreh raus habe. Neue Schritte in einem neuen Tanz. (*C. geht etwa vier Minuten lang immer wieder über die Schleife und hält dann im Mittelpunkt an.*)

R.: Wie fühlt sich das an, Chiara?

C.: Wunderbar! Unglaublich!

R.: Chiara, ich möchte, daß du jetzt in die Zukunft gehst und weißt, daß dieser Fluß von Annahme und Ablehnung weitergeht und sich mit dir bewegt, wenn du dich weiterbewegst, und du bist dir weiterhin bewußt, daß unter deinen Füßen dieser unendliche Fluß weiterläuft bei jedem Schritt, den du machst. Und achte darauf, wie gut du dich fühlst, wenn du in diese Zukunft gehst und dieses Gefühl und dieses Wissen mitnimmst, daß du deiner Erfahrung jetzt trauen kannst, Chiara. (*Während C. langsam geht, flüstert ihr R. Assoziationen von Muttermilch und Honig in ein Ohr und benutzt dabei die Stimme, die C. benutzt hatte, als sie diese Modalitäten beschrieben hatte. Und ins andere Ohr gibt R. das Dröhnen und das Geschrei der Ablehnung, so wie es C. geschildert hatte. C. lacht und grinst und sagt zu R. folgendes:*)

C.: Ach, sei ruhig. Oh, ich kann die Lautstärke von Annahme abdrehen! Toll! (*Sie dreht sich in Richtung Annahme, streckt die Hand aus und dreht sie so, als bewege sie einen Knopf.*)

R.: Wie fühlt sich das an, Chiara?

C.: Sooo gut!

R.: Großartig. Jetzt kannst du dich der Vergangenheit zuwenden, Chiara, und du kannst hierher zurückkommen und diese Ressourcen jetzt behalten (*R. berührt wieder die Anker*), Chiara, denn es sind deine, so wie ein Baum seine eigenen Wurzeln hat, seine eigenen Zweige und Blätter (*C. lächelt und atmet tief*) und Blüten zu seiner Zeit. Und ich möchte, daß du einfach an die

Stellen in der Vergangenheit zurückgleitest, die diese erhöhte Perspektive, diese Weiträumigkeit und dieses Wissen gebraucht hätten, daß du du bist und daß alles nur ein Tanz ist. Und wenn du diese Orte findest, dann kannst du dort anhalten, Chiara, und du kannst diesem jüngeren oder älteren Ich vermitteln (*der Bezug zu vergangenen Leben wurde bereits in einer anderen Übung als Teil ihrer persönlichen Landkarte hergestellt*), was du jetzt weißt und damals nicht gewußt hast, du kannst das Damals zum Jetzt werden lassen, du kannst das Damals befreien, damit es mit den Einsichten, den Klängen und den Gerüchen des neuen Jetzt gefüllt wird. Und vielleicht mußt du sogar einige vergangene Leben zurückgehen, und es ist in Ordnung, wenn du das tust. (*Sie erreicht das Ende ihrer Zeitlinie.*)

C.: Das ist der Anfang der Zeit.

R.: Gut, Chiara, dreh dich um, und sieh in die neue Zukunft da vor dir. (*C. dreht sich sehr langsam um und atmet weiterhin tief, es kommen ihr einige Tränen.*) Und wenn du fühlst, daß du bereit bist, kannst du vorwärts in diese Zukunft gehen und dir dabei bewußt sein, daß der unendliche Wechsel von Annahme und Ablehnung bei jedem Schritt direkt unter dir stattfindet. Und du kannst dabei die heilende Kraft dessen fühlen, was du dir heute geschenkt hast. (*C. läuft langsam und atmet dabei gelegentlich tief durch, die Arme weit geöffnet und die Handflächen nach oben gerichtet.*)

Das ist gut so, Chiara, und wenn du in der Zeit nach vorn gehst und erkennst, daß Annahme und Ablehnung auch jetzt da sind als Teil der Reise, und wenn du fühlst, daß du frei bist von der Sehnsucht, frei von der Angst, dann wird jeder Schritt dazu beitragen, daß dein Unbewußtes das festigt, was es heute hier gelernt hat. Es wird dich befreien, damit du automatisch und leicht jetzt in diese erhöhte Position wechselst. Und bei dem kleinsten Hinweis auf Annahme, der dich nach vorn winkt, und bei Ablehnung, die nach dir greift, um dich mit ihren Schmerzen an den Haken zu nehmen, wirst du dich sofort zu dieser erhöhten Perspektive bewegen, so als schautest du aus dem dreißigsten Stockwerk. Und du wirst in der Lage sein, die verschiedenen Strukturen und Landschaften zu erkennen und auf sie alle mit dem gleichen Gefühl von Freiheit reagieren. (*Hier überprüft R., ob die alte Problemphysiologie wieder auftaucht – aber R. kann nur eine verstärkte Ressourcenphysiologie beobachten.*)

Und während du jetzt gehst, Chiara, bist du dir bewußt, daß bei jedem Schritt diese Unendlichkeitsschleife unter deinen Füßen ist, und du bist dir bewußt, daß zwischen Annahme und Ablehnung ein beständiger Wechsel besteht. Und du läßt es zu, daß das Lernen ganz tief innen weitergeht, und dieses Gefühl, daß dieser Fluß von Annahme und Ablehnung zugelassen wird, kann wie von selbst weiterfließen, wenn du dich jetzt in deinem eigenen Rhythmus bewegst und nach vorn gehst und dieses neue Wissen und Verständnis den ganzen Weg dort durch deine Zukunft schickst, und es auf die ganze Zeit deines Lebens ausdehnst. Du weißt, daß sie dich dort in jenen zukünftigen Erinnerungen erwarten und schon jetzt Form und Gestalt annehmen. (*C. geht in die Zukunft und hält immer wieder an. Sie formuliert unter R.'s Anleitung immer wieder zukünftige Erinnerungen.*) Jetzt, Chiara, kannst du dich umdrehen, und du behältst diese gestärkte Gewißheit, daß du dieser Erfahrung als deiner eigenen trauen kannst, du gehst in die Gegenwart und schenkst dir selbst diese

Gegenwart im Jetzt und wartest, bis du dorthin kommst, und du weißt, daß sie schon sehr lange gewartet hat, um dich zu erreichen und jetzt ist die Zeit gekommen. (*C. geht zur Gegenwart, lächelnd und unter Tränen.*) Und jetzt, Chiara, kannst du von der Zeitlinie hierhin treten (*R. zeigt auf die erste Metaposition*). Wie geht es ihr jetzt? (*R. zeigt auf den Gegenwartspunkt auf der Zeitlinie.*)

C.: Ganz großartig! Sie weiß nicht genau, was geschehen ist, aber es geht ihr sicher besser.

R.: Chiara, stellst du dich bitte noch einmal in die Mitte der Unendlichkeitsschleife und beschreibst mir, was sie jetzt erlebt, wenn sie auf Annahme und auf Ablehnung schaut. (*Sie geht zum Mittelpunkt, ihre Physiologie verändert sich fast sofort hin zum Ressourcenzustand.*)

C.: Das ist erstaunlich. Die beiden Positionen haben sich beide in etwa ausgeglichen. Annahme ist nicht mehr feucht. Tatsächlich sieht sie kindlich aus. (*Sie kichert und atmet tief durch.*) Es geht darum, erwachsen zu werden, nicht wahr? Ich meine, daß die Farben immer noch da sind. Auch die Weichheit ist noch da. Ich kann den Honig riechen, aber die Anziehung ist anders. Da ist gar keine quälende Sehnsucht mehr. Es ist so wie ein Essen, das du als Kind wirklich gerne mochtest, aber jetzt ist es einfach ein Essen. (*Sie tanzt etwas herum, lächelnd.*)

R.: Und wie ist es mit Ablehnung?

C.: Nun, das sieht nicht mehr so spitz und stachelig aus. Und das Geräusch ist entschieden leiser. Es ist kein Dröhnen mehr. Und es fühlt sich nicht mehr spitz und stachelig an. Es ist ein Gefühl wie etwas, was mich nicht betrifft. Verstehst du, wenn du Stacheldraht betrachtest, mußt du auch nicht unbedingt innerlich die Fassung verlieren.

R.: Gut, Chiara. Ich möchte, daß du jetzt von der Schleife herunter und hierher kommst (*R. zeigt auf eine neue, bisher nicht genutzte Position*). Kannst du die Hände zusammennehmen und Daumen und Zeigefinger sich berühren lassen? Großartig. Jetzt kannst du die Unendlichkeitsschleife so in die Luft zeichnen, als ob sie mit ihrem Mittelpunkt direkt vor dir liegt. Gib acht, daß du an jeder Seite wirklich nach oben gehst, zuerst klein, und jetzt zeichnest du sie immer größer, jetzt gehst du so weit nach außen, wie du kannst. Das ist gut. Und jetzt kannst du sie wieder klein machen, dann groß und wieder klein, und du machst das etwa eine Minute lang. *(C. zeichnet weiterhin das Symbol in die Luft.)* Das ist gut, Chiara. Und kannst du jetzt deine rechte Hand öffnen und mit deinem linken Zeigefinger die Unendlichkeitsschleife auf deine Handfläche malen und dabei die Bogen nach jeder Seite vollständig ausführen? *(C. folgt den Anweisungen.)* Und kannst du jetzt das Gleiche mit deiner linken Handfläche machen? Gut, Chiara, großartig. Übrigens, möchtest du deine Unendlichkeitsschleife mit Annahme und Ablehnung in Gedanken zusammenfalten und mitnehmen? Falls du sie wieder brauchst, stehen dir alle diese Einsichten und Erfahrungen zur Verfügung, sobald du an die Schleife denkst.

C.: Ja, das ist ein wunderbarer Gedanke.

R.: Vielen Dank, Chiara.

C.: Danke. (*Sie geht mit einem Lächeln zu ihrem Platz in der Gruppe zurück.*)

Zwei Tage später

R.: Ist dir in den letzten zwei Tagen etwas aufgefallen, Chiara?

C.: Es war geradezu so, als hätte ich es nicht erwarten können, bis die Gelegenheit zu einer Bewährung kommt. Dann hatte ich gestern abend Zoff mit meinem Freund. Und ich habe mich nicht darauf eingelassen. Er sagte, daß wir vielleicht nicht heiraten sollten, wo ich in dieser Situation feststecke. Und ich hatte dann das Gefühl, nun gut, wenn er das so sieht. Meine Gefühle waren da, aber keine Haken. Normalerweise hätte ich mich zurückgewiesen gefühlt und danach Verzweiflung empfunden, und dann diese Stelle, wo ich jemandem gefallen will, damit er tut, was ich will. So wäre das in der Vergangenheit gewesen. Und es war nicht mehr da.

Auch heute hatte ich so eine Situation mit einem Klienten, zu dem ich überhaupt keinen Draht hatte. Alles was ich sagte, war für ihn falsch, aber ich war für mich in Ordnung. Ich habe mich einfach entspannt, und gegen Ende war der Kontakt wieder da und alles wieder gut. Ich bin überhaupt nicht ausgeflippt. Das war ein Riesenunterschied zu dem, wie ich früher war.

Zwei Wochen später

R.: Wie läuft alles jetzt nach zwei Wochen, Chiara? Gibt es etwas zu berichten?

C.: Ja, gerade vor zwei Tagen bekam ich einen erstaunlichen Beweis. Ich traf eine Frau, die ich von früher kannte. Sie hat mich nie gemocht und war immer recht unhöflich zu mir. Aber als ich sie sah, begrüßte ich sie wie jemanden, den man von früher kennt, und ich stellte mich vor. Und Mann, sie war echt kalt und abweisend und hatte offensichtlich etwas gegen mich. Ich war überrascht, *daß* ich *Trauer* darüber fühlen konnte, daß dies so war. Keine Abneigung oder der Drang, nur schnell wegzukommen; keine alten Muster mit Versuchen, zu gefallen oder herauszufinden, was sie wollte. Es war erstaunlich. Ich beendete die Unterhaltung einfach und ging weiter, und ich wußte, daß meine Traurigkeit angemessen war. Es war so etwas wie ein Zeichen dafür, daß ich akzeptierte, daß die Sache einfach so war. Das war großartig, und ich war überrascht. Das war genau die Situation, in der ich in der Vergangenheit immer hängengeblieben bin. Ich fühle, daß sich sehr tief etwas verändert hat in Bezug auf diese Themen, und das ist ein gutes Gefühl.

Zwei Monate später

R.: Wie sieht alles nach zwei Monaten aus, Chiara?

C.: Es ist erstaunlich, wie oft ich bereits bemerkt habe, daß ich mich anders verhalten habe, in meiner Beziehung und bei meiner Arbeit. Und es scheint sogar, daß ich mir jetzt im allgemeinen mehr der Gegensätze bewußt werde. Ich glaube wirklich, daß dieses Abschreiten der Unendlichkeit viele Dinge verändert hat. Ich weiß nicht wie, aber ich denke jetzt irgendwie viel öfter daran, einfach zu entspannen und alles nicht zu ernst zu nehmen.

Einmal mußte ich meine Schleife gedanklich hervorziehen, als ich mit meinem Freund in einer wirklich unerfreulichen Situation war, aber es war überraschend, wie mir das half, beinahe sofort wieder zu mir zurückzukommen. Seitdem habe ich das Gefühl, daß ich zu immer tieferen Ebenen des Verständnisses der Themen von Annahme und Ablehnung gekommen bin und ganz natürlich viele Dinge entdeckt habe, die ich zulassen kann. Da ist jetzt eine neue Süße, sogar in meinen schmerzlichen Momenten. Ich glaube, daß die Dinge noch im Gang sind, da ich fast Hunger nach mehr Meditation verspüre. Und das ist an sich unglaublich!

Schritte für eine Veränderung des Richtungsfilters

1. Benennen Sie das Gegensatzpaar, an dem gearbeitet werden soll, und erläutern Sie die Arbeit mit der Unendlichkeitsschleife. Lassen Sie die Klienten auf die Schleife treten und die Submodalitäten (siehe Glossar) jeder Seite im Detail beschreiben.

2. Finden Sie die Art und Weise, mit der die Klienten auf diesen nie endenden Fluß anscheinender Gegensätze reagieren wollen. (Gewünschtes Ziel)

3. Finden Sie die Ressourcen (siehe Glossar), die nötig für die neue Reaktion auf diese Gegensätze sind. Aktivieren Sie die Ressourcen mit Hilfe der Zeitlinie (siehe Glossar), und ankern (siehe Glossar) sie diese.

4. Lassen Sie die Klienten mit den Ressourcen die Unendlichkeitsschleife entlanggehen und diese neue Reaktion erfahren. Sie sollten so lange gehen, bis die Problemphysiologie ganz verschwunden ist. Wenn irgendwo Einwände auftauchen, gehen Sie zu Schritt 3 zurück und behandeln diese entsprechend. Dann machen Sie weiter.

5. Führen Sie die Klienten auf der Zeitlinie nach vorn, wobei die Unendlichkeitsschleife beim Gehen unter ihren Füßen „fließt"; verstärken Sie dabei auf dem Weg in die Zukunft die neue Reaktion. Lassen Sie sie dann in die Vergangenheit gehen und alte Wunden, die durch eine verzerrte Sichtweise der Gegensätze entstanden sind, mit der Kraft der neuen Reaktion heilen. Haben sie den Ausgangspunkt erreicht, lassen Sie die Klienten sich der Zukunft zuwenden, die neuen Einsichten auf die Zeit, die kommen wird, ausdehnen und zukünftige Ereignisse ins Jetzt verlegen. Lassen Sie sie in die Zukunft gehen und dabei „zukünftige Erinnerungen" schaffen. Dann drehen sie sich um, gehen zum Jetzt und geben dem Selbst in der Gegenwart das Geschenk der neuen Reaktion. Die ganze Arbeit wird von Ihren assoziativen Sprachmustern und Suggestionen begleitet (siehe Glossar *Apposition der Gegensätze, Eingebettete Suggestionen, Ericksonsche Hypnose, Indirektes assoziatives Fokussieren, Mehrdeutigkeit, Nominalisierung, TDS, Tilgung, Trance*).

6. Lassen Sie die Klienten wieder von der Zeitlinie (siehe Glossar) weg und auf eine Metaposition (siehe Glossar) gehen. Lassen Sie sich Feedback geben, wie die Person auf der Zeitlinie mit dieser neuen Veränderung zurechtkommt.

7. Lassen Sie die Klienten auf die Zeitlinie zur Gegenwart gehen und die Submodalitäten (siehe Glossar) beschreiben, wie sie sie jetzt wahrnehmen.

8. Die Klienten bringen die Hände zusammen, wobei sich Zeigefinger und Daumen berühren; zwischen den Händen entsteht die Fläche eines Dreiecks. Sie zeichnen die Unendlichkeitsschleife vor sich in die Luft, zuerst klein und dann so groß wie

möglich, wobei sie versuchen, mit den beiden äußeren Enden möglichst weit nach außen zu reichen; dann wird die Schleife wieder verkleinert. Das alles wird etwa eine Minute lang durchgeführt. Schließlich zeichnen sie die Unendlichkeitsschleife mit dem Finger zuerst in die rechte und dann in die linke Handfläche. Diese Übung entstammt der Kinesiologie und hilft, das neue Muster zu etablieren.

Schritte für eine Veränderung des Richtungsfilters
(mit Veränderung der Glaubenssätze)

Für dieses Modell (siehe Glossar) ist vorherige Trancearbeit (siehe Glossar) notwendig, um die Ressourcen von der spirituellen Ebene her zu aktivieren und zu festigen und um zu erreichen, daß unbewußte Widerstände aufgelöst werden können und die Dualität zugelassen werden kann. Ist das geschehen, funktioniert dieses Modell sehr einfach und ist auch gut für Gruppen geeignet.

Metapositionen (siehe Glossar), von denen jede weitere höher als die vorherige ist, sind ein Abbild der logischen Ebenen (siehe Kapitel 18): Zum Beispiel werden Verhaltens- und Umgebungsebene mit dem Unendlichkeitssymbol verankert, Fähigkeitsebene mit der ersten Metaposition, Glaubenssätze und Werte mit der zweiten Metaposition; die dritte Metaposition ankert die Identitätsebene an Informationen und Erfahrungen der spirituellen Ebene – einem Ort, der weit entfernt ist von der Identifikation mit dem alten Geist und seiner Wahrnehmung anscheinender Gegensätze.

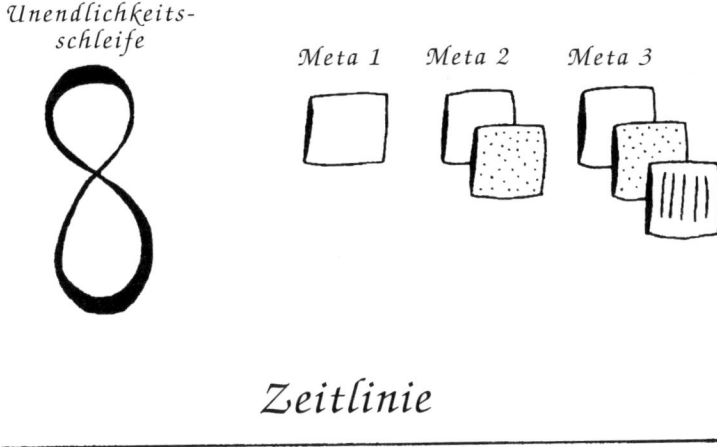

Unendlichkeits-schleife

Meta 1   *Meta 2*   *Meta 3*

Zeitlinie

*Die Zeitlinie
(auf ihr die Unendlichkeitsschleife
und die erste bis dritte Metaposition)*

1. Legen Sie das Gegensatzpaar fest, mit dem gearbeitet werden soll. Bestimmen Sie die Lage der Unendlichkeitsschleife mit den drei hinter ihr liegenden Metapositionen – die erste höher als die Unendlichkeitsschleife und jede weitere zunehmend höher. Die Klienten treten auf die Schleife, legen fest, welches Ende der Schleife welchem Gegensatz entspricht und beschreiben dann sehr genau die Submodalitäten jedes Extrems.

2. Helfen Sie den Klienten, zu bestimmen, wie sie gerne auf diesen nie endenden Fluß der Lebenserfahrung reagieren möchten. Sie lassen sie dazu in die erste Metaposition zurücktreten

227

(höher als die Schleife am Boden), wobei das Selbst noch bei seiner Identifikation mit dem Geist und bei seiner bisherigen Einschätzung der Gegensätze dort auf der Schleife bleibt.

3. An dieser Metaposition werden die unterstützenden Ressourcen (siehe Glossar) festgelegt, die das auf der Schleife wartende Ich braucht, um auf eine neue Weise auf diese Gegensätze reagieren zu können.

4. Legen Sie die Zeitlinie (siehe Glossar) der Klienten außerhalb der bereits festgelegten Positionen. Suchen und ankern (siehe Glossar) Sie die gewünschten Ressourcen, indem Sie die Klienten in das Gefühl jeder Ressource gehen lassen, dann dem Gefühl zurück durch die Zeit folgen lassen und immer dann anhalten, wenn es sich sehr stark in ihrer Physiologie zeigt. Bei jedem Halt ankern Sie die Erfahrung und stapeln dabei die Ressourcen.

5. Die Klienten kehren mit den vollständigen Ressourcen zur ersten Metaposition zurück. Dann treten sie in die höher gelegene zweite Metaposition zurück. Von dort haben sie eine größere Entfernung sowie eine breitere Übersicht und können sehen, welche Glaubenssätze (falls vorhanden) das Ich auf der Schleife (das sich mit seinem Geist identifiziert hat) behindern oder von neuem Verhalten abhalten – auch wenn es die gewünschten Ressourcen zur Verfügung hat. Und die Klienten können auch das Ich sehen, das sich auf der ersten Metaposition befindet, das etwas entfernt von Geist und Körper ist und das Ich auf der Schleife beobachtet, welches vollständig mit dem Geschehen identifiziert ist.

6. Tauchen widersprüchliche Glaubenssätze bezüglich einer der beiden beobachteten Positionen auf, werden die Klienten darauf vorbereitet, zur höchsten Ebene ihrer bisherigen spirituellen Erkenntnisse, sowohl bewußt als auch unbewußt, zu gehen und herauszufinden, welche Einsicht oder Erkenntnis diesen Glaubenssatz löschen und seinen Einfluß beenden kann.

7. Dann gehen die Klienten in die höchste, die dritte Metaposition. Sie berichten über ihre Eindrücke und wie sie aus dieser Perspektive neue Einsichten gewinnen, die die alten Überzeugungen aufheben – die Überzeugungen desjenigen Persönlichkeitsanteils, der genau vor ihnen in der zweiten Metaposition steht, die Glaubenssätze der Person in der ersten Metaposition und desjenigen, der auf der Unendlichkeitsschleife steht. Sobald diese Einsichten und Erkenntnisse entstehen und ausgesprochen werden, sollten sie geankert werden. Achten Sie darauf, daß die Klienten, wenn sie sich auf die Metapositionen beziehen, immer von „er" oder „sie" sprechen, also von sich selbst in der indirekten „3. Person". Zudem betont die assoziierende Sprache, die Sie als Begleiter sprechen, die unterschiedlichen Positionen der Identifikation, die jetzt auch räumlich geankert werden.

8. Während Sie den Anker für die spirituellen Einsichten aktivieren, führen Sie die Klienten zurück zur zweiten Metaposition und unterstützen mit Worten, die sich an das Unbewußte richten, die Auflösung der alten Überzeugung und das Aufkeimen der spirituellen Einsicht – das geschieht noch auf diese Position beschränkt. Dabei bringen Sie diese Einsichten jetzt immer näher zu demjenigen Persönlichkeitsanteil, der

auf der Schleife steht und der völlig mit Geist und Körper identifiziert ist. Wenn die Physiologie anzeigt, daß diese Aufgabe erfüllt ist, werden die Klienten darauf vorbereitet, die Einsichten noch näher zu demjenigen Persönlichkeitsteil zu bringen, der dazu bestimmt ist, in dem individuellen Geist und Körper zu leben. Wieder wird die Unendlichkeitsschleife abgegangen.

9. Sie halten weiterhin den Anker für die innere Einsicht zu diesem Thema, führen die Klienten in die erste Metaposition und überprüfen, ob die zuerst gewählten Ressourcen noch passend sind angesichts der Tatsache, daß neue Einsichten gewonnen und alte Überzeugungen verschwunden sind. Gibt es eine Veränderung oder muß etwas hinzugefügt werden, so sollte das jetzt geschehen.

10. Wenn die Klienten bereit sind, diese Ressourcen und spirituellen Einsichten und Erkenntnisse von den Metapositionen zu demjenigen Teil von sich selbst zu bringen, der mit Geist und Körper identifiziert ist, halten Sie weiter den Anker für die spirituellen Einsichten und aktivieren auch den Ressourcenanker. Leiten Sie die Klienten an, in das Ich hineinzutreten, das im Mittelpunkt der Schleife steht. Sie führen die Klienten über die Schleife – Sie gehen dabei vorwärts in die Erfahrungen hinein, wobei die Anker gehalten werden, und gehen mindestens zwei Runden mit ihnen. Dann lassen Sie die Anker los und lassen die Klienten die Schleife ablaufen – mit unterschiedlicher Geschwindigkeit und eigenem Rhythmus, mit wechselnder Richtung sowohl vorwärts als auch rückwärts. Die Klienten gehen solange, bis die Problemphysiologie vollständig verschwunden ist.

11. Die Klienten stehen im Mittelpunkt der Schleife und sollen sich vorstellen, sie hätten alles gerade Erworbene vergessen und fühlten wieder einen Drang nach der alten Identifikation mit dem Geist und nach dem Kampf mit den Gegensätzen. Wenn das einsetzt, werden sie sofort von der Schleife weg und durch die Metapositionen auf die höchste, also dritte Ebene gezogen, und die Erkenntnisse, die jetzt ihre eigenen sind, werden wieder erlangt. Die Anker werden wieder gesetzt, und die Klienten werden schnell zurück zu dem Persönlichkeitsanteil auf der Schleife geführt. Lassen Sie sie darauf achten, wie dieses Gefühl ist, sich so schnell zu erinnern, was sie wissen. (Lassen *Sie* sich dabei von der Physiologie leiten.) Machen Sie diese „Tour" mehrere Male, und festigen Sie dabei dieses neue Reaktionsmuster auf das alte Problemempfinden.

12. Führen Sie die Klienten zur Zeitlinie, machen Sie weiter wie in Schritt 5 im ersten Modell zur Veränderung des Richtungsfilters angegeben.

Bis zum jetzigen Zeitpunkt, da dieses Buch entsteht, haben mehr als 500 Menschen FACTICITY auf unterschiedlichen Entwicklungsstufen erfahren. Die meisten Menschen, die sich selbst als Meditierende, Suchende oder auch anders bezeichnen, berichten von wirksamen Verhaltensänderungen, sowohl unmittelbar als auch langfristig.

Anhang C

Das Bewußtsein ausdehnen in wenigen Minuten

Bitte bedenken Sie, daß FACTICITY ein höheres menschliches Bedürfnis anspricht. Deshalb ist es auf dieser Stufe seiner Entwicklung nicht geeignet für Menschen, die mental oder emotional nicht relativ gefestigt sind.

Mit Hilfe von FACTICITY „installieren" wir den nachfolgend beschriebenen Prozeß auf der unbewußten Ebene des Geistes. Er soll ablaufen können, sobald wir erkennen, daß ein Problem, Streß oder ein unerwünschter emotionaler Zustand entstanden ist.

1. Sagen Sie zu sich selbst: „Stop! Streß bedeutet, daß ich mich nicht auf etwas einlasse, wie es ist. Ich möchte entspannen und mit dem Leben fließen, egal, was es mir bringt."

2. Treten Sie in das Problem (fühlen Sie es). Dann treten Sie wieder heraus (distanzieren Sie sich) und fragen sich: „Welchen Wert möchte er/sie (also der Persönlichkeitsanteil von Ihnen, der die konkrete Situation erlebt) durch dieses Verhalten bestätigen?"

3. Fragen Sie: „Welcher unbewußte Glaubenssatz drängt ihn/sie (also den Persönlichkeitsanteil von Ihnen, der konkrete Situation erlebt), diesen Wert zu unterstützen?"

4. Fragen Sie: „Welches Gegensatzpaar wirkt bei dieser Dynamik?"

5. Fragen Sie: „Welcher Gegensatzteil wird durch das Verhalten unterstützt und aufgewertet und welcher wird geleugnet und entwertet?"

6. Fragen Sie: „Was ist der positive Wert dieses verleugneten Gegensatzteiles? Wie trägt er jetzt schon dazu bei, daß er/sie (als der Persönlichkeitsanteil von Ihnen, der die konkrete Situation erlebt) das Vorhandensein des bevorzugten Gegensatzteils erkennt?"

7. Welchen neuen Wert möchten Sie jetzt unterstützen?

8. Finden Sie in der Natur in sich oder außerhalb von sich etwas, was beweist, daß beide Gegensätze zusammenarbeiten oder sich ergänzen.

9. Machen Sie sich ein Bild von beiden Ergebnissen: Wie wird er/sie (als der Persönlichkeitsanteil von Ihnen, der die konkrete Situation erlebt) sich fühlen, wenn ein Gegensatz dem anderen vorgezogen wird, oder wie fühlt sich das an, wenn beide akzeptiert werden und jedes seinen Wert und seine Funktion darin hat, daß es das Vorhandensein des anderen möglich macht.

10. Wechseln Sie mit Ihrer Aufmerksamkeit von einem zum anderen, und achten Sie darauf, ob das Auswählen ihn/sie zu den gleichen Streßreaktionen wie in der Vergangenheit und

zu einem Gefühl von Disharmonie führt. Bemerken Sie, wie die erlangte Wahlfreiheit jetzt in eine entspannte Zukunft führt und zu dem Gefühl, frei zu sein, um mit den Dingen zu harmonieren und die Dinge zu akzeptieren, wie sie sind.

11. Richten Sie bewußt Ihre Aufmerksamkeit auf die Möglichkeit der Wahlfreiheit, und treten Sie in dieses Ergebnis. Achten Sie darauf, wie die Auffassung, da gebe es ein „Problem", plötzlich verschwunden ist. Gibt es Einwände, dann gehen Sie zu Schritt 8 zurück und suchen nach mehr unbestreitbaren Beweisen für die Gegebenheit der Gegensätze, die für diese Situation wichtig sind.

Ein Anwendungsbeispiel

Das Problem lautet: „Ich fühle mich allein und möchte bei meiner Freundin sein."

1. Stop. Streß bedeutet, daß ich etwas nicht annehme, wie es ist. Ich möchte mich entspannen und mit dem Leben fließen, was es auch bringt.

2. Wenn ich sie mir dort drüben ansehe (den betroffenen Persönlichkeitsanteil von mir), ist der Wert, nach dem sie sucht, „Angenommenwerden", und wenn sie alleine ist, fühlt sie sich nicht in Ordnung.

3. Ich kann den alten unbewußten Glaubenssatz erkennen, der sie antreibt. Er lautet: „Zusammensein bedeutet Glücklichsein und das Wissen, daß ich in Ordnung bin."

4. Ich bin mir bewußt, daß die betreffenden Gegensätze „Alleinsein" und „Zusammensein" sind.

5. Zusammensein wird durch ihr Verhalten unterstützt und geschätzt, Alleinsein wird geleugnet und entwertet.

6. Alleinsein ist für mich jetzt wertvoll, denn dabei tanke ich innerlich auf. Ich weiß dann, daß ich in Ordnung bin und dann etwas geben kann. Alleinsein bewirkt, daß das Zusammensein jedesmal wieder erfrischend und neu wird.

7. Der neue Wert, den ich jetzt unterstützen möchte, ist Bewußtheit und Entspanntheit angesichts dessen, was das Leben mir gibt.

8. Es ist nicht zu leugnen, daß jeder Vogel am Himmel mit der Kraft seiner eigenen Flügel fliegen muß. Und egal wie viele Vögel in einem Schwarm fliegen: Wenn sie weiterziehen oder zusammen spielen, fliegt jeder Vogel für sich allein, in seinem Raum, mit seinen Flügeln.

9. Ich kann sehen, wie sie (als Teil meiner Persönlichkeit) weiterhin Zusammensein dem Alleinsein vorzieht und sich weiterhin schlecht und abgewiesen und nicht in Ordnung fühlt, so wie anscheinend schon immer. Ich kann sehen, wie sie sich auf beide Erfahrungen einläßt, da sie sich der Erkenntnis bewußt ist, daß Zusammenkommen und Auseinandergehen der natürliche Rhythmus einer Beziehung ist. Und mit dieser Bewußtheit sehe ich, wie sie sich entspannt und die Zeit, in der sie alleine ist, dazu nutzt, ihre kreativen Fähigkeiten zu erproben.

10. Wenn ich zwischen beiden hin- und herwechsle, kann ich sehen und fühlen, wie die Möglichkeit zu wählen ein schlechtes Gefühl verursacht. Und ich erkenne, daß die Möglichkeit

der Wahlfreiheit Platz schafft, damit anderes entstehen kann, insbesondere ein neues Gefühl von Selbstachtung und Würde.

11. Ich werde jetzt bewußt in die Möglichkeit der Wahlfreiheit hineingehen und mich immer mehr mit dem Gefühl vertraut machen, wie es ist, entspannt zu akzeptieren, was mir das Leben bringt.

Glossar

(In den Anhängen treten vermehrt NLP-Fachbegriffe
auf: In der deutschen Ausgabe sind diese Begriffe
dem Glossar der Autorin hinzugefügt, um auch
Leserinnen und Lesern ohne NLP-Kenntnisse den
Inhalt bereichernd zu erschließen. Entsprechende
Stichworte sind markiert.)

Ankern:

Ein Prozeß, in dem eine assoziative Verbindung geschaffen wird
zwischen zum Beispiel einer aktuellen Situation und einer früheren Erfahrung, einer Geste und einem unterstützenden Inhalt
u.ä. Meist wird dieser Prozeß mit *Ressourcen* (siehe dort) verknüpft; man nutzt also die Stärken einer anderen Situation, Empfindung u.ä. für einen gegenwärtigen Augenblick oder für einen
erinnerten Moment, in dem diese Stärke benötigt wird. Man
spricht von „Anker stapeln", wenn mehrere „Anker" gleichzeitig benötigt und aktiviert werden. Man spricht von „Anker halten", wenn man die Verknüpfung durch eine Berührung oder
eine Geste herstellt, die dann im wörtlichen Sinne „gehalten"
und berührt werden. (Anm. d. Vlg.)

Apposition von Gegensätzen:
Eine der Linguistik entliehene Form, in der Gegensätze oder gegensätzliche Systeme zusammen genannt werden. Ziel ist hier, eine Art Gleichgewicht herzustellen, das für den Prozeß der Tiefenentspannung notwendig ist. Zum Beispiel: „Wenn dein Arm sich hebt, fühlt sich dein Bein schwer an." Mit dieser Form wird eine natürliche Tendenz g*enutzt*: Es geschieht das Gegenteil dessen, was gefordert wurde. In dem Beispiel wird Schwere erzielt, indem Leichtigkeit vorgeschlagen wird. Der Schwere wird ein Platz zugewiesen, an dem sie sinnvoll sein kann, so daß die gewünschte Reaktion verstärkt wird.

Assoziieren:
Assoziiert sein bedeutet, sich ganz und gar in ein Erlebnis oder in eine Erinnerung zu versetzen, es mit den ganzen Sinnen zu erfassen. Siehe auch *Dissoziieren*. (Anm. d. Vlg.)

Aufmerksamkeitsfilter:
Ein spezielles unbewußtes Metaprogramm (siehe dort) – hier ein Wahrnehmungsfilter, der bestimmt, wohin wir unsere Aufmerksamkeit richten, zum Beispiel auf uns oder auf andere, nach innen oder nach außen.

Dissoziieren:
Dissoziiert sein bedeutet, sich *nicht* mit seiner ganzen Persönlichkeit in ein Erlebnis oder eine Erinnerung zu versetzen. Es kann ein Zustand sein, in dem jemand ist, es kann aber auch ein Zustand sein, in den man sich oder jemanden bewußt hineinführt, um sich von der eigenen Erfahrung zu distanzieren und eine Beobachterposition zu sich selbst einzunehmen. Siehe auch *Assoziieren*. (Anm. d. Vlg.)

Eingebettete Suggestionen:
Eine Form indirekter Suggestion („seelische Einflußnahme"), die als direkte Suggestion in einen *anderen* Kontext eingebettet ist, so daß sie für den Hörer nicht direkt in ihrem Zweck erkannt wird. (Siehe auch *Indirektes assoziatives Fokussieren.*)

Ericksonsche Hypnose:
Die modernsten Entwicklungen auf dem Gebiet der Hypnose verdanken wir Dr. Milton H. Erickson. Seine Methode bildet den Kern dessen, was gewöhnlich als permissive Hypnose bezeichnet wird – im Gegensatz zur traditionellen autoritären Hypnose. Permissiv bezeichnet einen Stil, der die Klienten auf verschiedenen indirekten Wegen direkt zum gewünschten Ziel hinführt; gleichzeitig haben die Klienten psychologisch das Gefühl, daß sie die Freiheit besitzen, das gewünschte Ziel auf ihrem eigenen Weg zu erreichen. Ericksonsche Hypnose ist auch bekannt dafür, daß sie *aktiv* die unbewußten Fähigkeiten der Klienten hervorlockt und einsetzt, damit die gewünschte Veränderung erreicht wird. Ernest Rossi, Richard Bandler, John Grinder und andere haben Milton Erickson bei seiner Arbeit beobachtet und bestimmte Methoden und Techniken identifiziert und beschrieben. (Siehe auch *Trance.*)

FACTICITY:
Facticity ist einerseits die eingetragene Bezeichnung der Methode von Ragini Elizabeth Michaels (im Text gekennzeichnet durch Hervorhebung: FACTICITY), und andererseits meint es die Tatsache, daß das menschliche Leben geprägt ist durch Gegensätze. Diese Gegensätze bestimmen alle Natur. Da der Mensch jedoch gelernt hat zu werten, hat er seine Wahrnehmung und seine

ganze Lebenserfahrung geteilt in Gutes und Schlechtes. In manchen Situationen braucht er eine Filterung seiner Wahrnehmungen (um sich zum Beispiel zu schützen), in manchen Situationen braucht er aber gerade keine Filterung (um sich zum Beispiel für völlig neue Erfahrungen und Erkenntnisse zu öffnen). Durch seine Prägung und die lange Gewohnheit seiner trennenden Wahrnehmung ist dem Menschen häufig die Fähigkeit abhanden gekommen, zwischen faktisch gegebenen Möglichkeiten zu wählen. Ragini Elizabeth Michaels führt mit ihrer Methode der FACTICITY Interessierte hin zum Erleben der Gegenwart und der Natur, zum unbewerteten Wahrnehmen der Gegensätze und hin zu einer freien Wahl. (Anm. d. Vlg.)

Indirektes assoziatives Fokussieren:
Dies ist eine Grundform der indirekten Suggestion, die gewöhnlich mittels einer Metapher eingeführt wird. Das Thema wird ohne Bezug zum Klienten präsentiert, und dadurch wird beim Zuhörer eine spontane unbewußte Suche nach *persönlichen* Assoziationen zu diesem Thema in Gang gesetzt (siehe *TDS*). Diese Art der Präsentation umgeht gewöhnlich Einschränkungen, Einwände, Verteidigungshaltungen des Bewußtseins. Wenn das genannte Thema keinen Bezug zum Problem der Klienten hat, ist auch nichts verloren. Spielt hingegen das Thema eine Rolle, werden die Klienten darüber sprechen, vielleicht ohne daß sie sich bewußt sind, daß dies eine Reaktion auf die Suggestion ist. Mit dieser Methode kann weitgehend vermieden werden, daß den Klienten die persönlichen Ansichten des Beraters aufgezwungen werden.

Ein Beispiel aus dem Alltag: Wollen Sie jemanden indirekt dazu bringen, eine Verabredung mit Ihnen zu treffen, können Sie darüber sprechen, was Sie schon alles unternommen haben, wie Sie sich entweder alleine oder zusammen mit andern vergnügt haben und gemeinsam Kuchen gebacken haben. Oder Sie sehen Ihre Verabredungen in Ihrem Kalender durch. „Verabredungen" sind dann der rote Faden, der Ihre anscheinend zusammenhanglosen Geschichten verbindet. Ist die andere Person daran interessiert, etwas mit Ihnen zu unternehmen, kommt die Botschaft beim Unbewußten an und führt vielleicht zu einer Verabredung.

Inhaltsfreie Meditation:
Eine Technik, bei der mentale, körperliche und emotionale Prozesse aus einer Metaposition beobachtet werden, also von einer Ebene, auf der man sich von sich selbst und einem Geschehen distanziert hat.

Mehrdeutigkeit, phonologische und konstruktionsbedingte:
Hier wird die Tatsache genutzt, daß es Wörter mit unterschiedlicher Bedeutung gibt, die jedoch gleich ausgesprochen werden (im Deutschen zum Beispiel: das Blatt am Baum und das zum Schreiben; die Bank zum Sitzen und die zum Geldabheben; der Zug, der innerlich zieht, und der zum Fahren; Anm. d. Vlg.). Mehrdeutigkeit kann auch durch die Satzstruktur erreicht werden, wenn zum Beispiel ein Wort, das eigentlich noch zum vorherigen Satz gehört, gleichzeitig als Beginn für den nächsten Satz verwendet wird. Die Wahrnehmung solcher Mehrdeutigkeiten löst die transderivationale Suche aus (siehe *TDS*) – das ist die Suche nach der Bedeutung. Mehrdeutigkeit ist sehr nützlich, um Klienten in einen tiefenentspannten Zustand zu führen.

Metaposition:

„Meta-" ist von dem griechischen Wort für „über", „darüber hinaus" abgeleitet. Eine Metaposition ist im NLP eine Wahrnehmungsposition, die man einnimmt, um sich oder Geschehnisse distanzierter und ggf. gelassener betrachten zu können. Manchmal ist es sinnvoll, diese Metapositionen nicht nur mental, sondern auch räumlich einzunehmen. Ragini Elizabeth Michaels läßt Klienten zu diesem Zweck auf räumlich erhöhte Gegenstände steigen, um das Gefühl von Überblick authentischer zu vermitteln. (Anm. d. Vlg.)

Metaprogramme:

Ein mentales, oft schon sehr früh geprägtes Programm, das auf einer tiefen Ebene des Unbewußten wirkt und darüber entscheidet, wie wir unsere Erfahrungen verarbeiten. Hier wird unsere Einstellung gegenüber Zielen und Problemen, Beziehungen und der Zeit entschieden und wie wir unsere Informationen ordnen. Ein Metaprogramm ordnet Erfahrungen zum Beispiel entweder nach Ähnlichkeiten oder nach Unterschieden ein: Wenn Sie ein Restaurant betreten, achten Sie auf die Dinge, die genauso sind wie in Ihrem Lieblingsrestaurant, oder achten Sie auf das, was anders ist?

Modellieren:

Ein Modell ist im NLP eine praxisorientierte, praktisch anwendbare Beschreibung davon, wie etwas oder jemand „funktioniert". Das Modellieren ist im NLP eine grundlegende Technik *und* eine grundlegende Vorannahme. Als Technik ist es ein Verfahren, mit dem man die Sequenz von Gedanken und Verhaltensweisen herausarbeitet, die jemand anderen befähigen, zum Beispiel Aufgaben zu erfüllen, die man selbst gern so erfüllen würde. Es ist somit eine Technik, beschleunigt zu lernen. Als Vorannahme umfaßt das Modellieren die Erlaubnis, sich anzueignen, was andere auszeichnet. (Anm. d. Vlg.)

NLP:

Neurolinguistisches Programmieren wurde von Richard Bandler und John Grinder gemeinsam entwickelt und bietet eine Reihe von Techniken, die aus Verhaltensmodellen entstanden sind und die für jeden lernbar und anwendbar sind. Gewöhnlich wird es definiert als die Untersuchung der Struktur menschlicher Subjektivität. NLP zeigt auf, wie Muster (Programme) aus einer Interaktion zwischen Gehirn und Körper (Neurologie und Physiologie) sowie Worten (Linguistik) entstehen und so unser Verhalten beeinflussen.

Nominalisierung:

Ein der Linguistik entlehnter Begriff, der einen unbewußten Prozeß kennzeichnet, bei dem ein Verb in ein Substantiv (und somit in einen statischen Zustand) verwandelt wird. Zum Beispiel verwandeln wir den Prozeß des Entscheidens in eine „Entscheidung". Aus dem Prozeß des Sichbeziehens auf einen anderen wird unbewußt die Beziehung.

Ressourcen:

Jegliche (Hilfs-) Mittel, die in einen Prozeß oder in eine Situation eingebracht werden können, um zum Erreichen eines Ziels beizutragen: Physiologie, Zustände, Gedanken, Strategien, Erfahrungen, Menschen, Ereignisse oder Besitztümer. Sie sind Repräsentanten von Erfahrungen, mit denen positive Attribute verbunden werden; Ressourcen zu nutzen heißt, an diese als positiv erlebte Erfahrungen anzuknüpfen. (Anm. d. Vlg.)

Richtungsfilter:
Ein spezielles unbewußtes Metaprogramm (siehe dort) – hier ein Filter, der unsere Reaktionen auf bestimmte Erfahrungen vorbestimmt. Er veranlaßt uns, daß wir uns entweder zu einer (üblicherweise positiven) Erfahrung hinstreben oder von einer (gewöhnlich negativen) Erfahrung weglaufen.

Submodalitäten:
Als Submodalitäten werden die Unterkategorien jeder sinnlich wahrnehmbaren Modalität bezeichnet. Sie bestimmen die spezielle sensorische Qualität jedes Sinneskanals. Zu den kinästhetischen Submodalitäten gehören zum Beispiel Temperatur, Druck, Struktur und Gewicht. Einige visuelle Submodalitäten sind Helligkeit, Entfernung, Lage und Bewegung. Auditive Submodalitäten sind Lautstärke, Tempo, Tonhöhe, Entfernung u.a. Sie werden die Grundbausteine der subjektiven sinnlichen Erfahrung genannt. Jede unserer sinnlichen Erfahrungen besteht aus einer Kombination einiger Submodalitäten.

TDS:
Transderivationale Suche ist das unbewußte Recherchieren in gespeicherten mentalen Informationen, um eine Bezugserfahrung zu finden, aus der sich ein gegenwärtiges Verhalten oder eine Reaktion erklären läßt. In der Hypnose wird dies im allgemeinen „die unbewußte Suche" nach der Bedeutung genannt. Um zu verstehen, was jemand sagt, und um herauszufinden, ob etwas für das Thema wichtig ist, muß sich das Unbewußte auf

diese automatische und unbewußte Suche nach der Bedeutung machen. Bestimmte Sprachmuster lösen die Suche automatisch aus und beziehen das Unbewußte mit ein (ein Kennzeichen *Ericksonscher Hypnose*, siehe dort). Hört das Unbewußte zum Beispiel den Satz: „Manche Menschen erfassen FACTICITY leichter als andere", wird es automatisch überprüfen, ob diese Aussage für den Zuhörer relevant ist: Welche Menschen? Spricht sie von mir? Erfasse ich Dinge schneller als andere?

Tilgung, Verzerrung, Generalisierung:
Drei grundlegende unbewußte Prozesse, denen alle sinnlichen Wahrnehmungen unterzogen werden. In ihrer nützlichen Form bleiben bei der *Tilgung* all die sinnlichen Reize außerhalb der bewußten Wahrnehmung, die nicht für das Überleben notwendig sind. *Verzerrung* ist Voraussetzung für kreatives Visualisieren und kreative Fantasie. *Generalisierung* (Verallgemeinerung) ist auch notwendig: Wenn wir zum Beispiel einen heißen Ofen berühren und diese Erfahrung auf alle heißen Öfen übertragen, ersparen wir uns die gleiche schmerzliche Erfahrung in der Zukunft. *Tilgung* kann in ihrer nicht nützlichen Form dazu führen, daß wir Erfahrungen übersehen – und zwar tilgen wir vor allem die Erfahrungen, die unsere Überzeugungen scheinbar nicht stützen. *Verzerrung* veranlaßt uns, unsere Erfahrungen so umzudeuten, daß sie zu unseren einschränkenden Überzeugungen passen. *Generalisierung* kann übertrieben werden und führt so zu einschränkenden geistigen Vorstellungen.

Trance:
Trance ist ein veränderter (Bewußtseins-) Zustand, in dem die Aufmerksamkeit nach innen gerichtet ist. Dieser Zustand, den

man im Laufe des Tages häufiger einnimmt, ohne es bewußt wahrzunehmen, wird im NLP genutzt und durch Fragetechniken und Induktionen bewußt hervorgerufen. Man spricht von dem Zustand der Trance und dem Prozeß der Hypnose. Diese Begriffe gehen im NLP auf Milton Erickson zurück, der eine Methode entwickelte, die – fernab vom landläufigen Verständnis einer Manipulation durch den Hypnotiseur – Menschen durch das Erleben tiefenentspannter Zustände die Möglichkeit gibt, mehr über sich zu erfahren und Zugang auch zu ihren unbewußten Strukturen zu bekommen. (Anm. d. Vlg.)

Vorannahmen:
Eine Aussage wird als wahr angenommen, und dann erst ergibt ein weiterer Satz einen Sinn. Vorannahmen bestehen gewöhnlich auf der unbewußten Ebene, außerhalb des Bewußtseins. Damit der Satz „Der Geist ist der Feind der Meditation" stimmt, muß das Unbewußte als wahr annehmen, daß es einen Geist gibt, daß es Meditation gibt, daß es Feinde im allgemeinen sowie Feinde der Meditation im besonderen gibt und daß zwischen Geist und Meditation eine Beziehung besteht. Wird die natürliche Anwesenheit der Gegensätze anerkannt, kann das Unbewußte erkennen, daß der Geist, wenn er der Feind der Meditation ist, auch ein Freund der Meditation sein *kann*, und daß die Meditation, wenn sie Feinde hat, auch Freunde haben kann.

Zeitlinie:
NLP arbeitet mit der Zeitlinie („time line"), der subjektiven Anordnung, in der Menschen Bilder, Geräusche und Gefühle ihrer Vergangenheit, Gegenwart und Zukunft gespeichert haben. Sie läßt sich pragmatisch nutzen, indem sie zum Beispiel sinnlich

erfahrbar in den Raum projiziert und abgeschritten wird. Durch diese „Wegbeschreitung" wird die Zeit erfahrbar, und Erfahrungen in ihr werden wahrnehmbarer und auch beeinflußbarer. (Anm. d. Vlg.)

Literaturverzeichnis

Allgemeines

Capra, Fritjof: *The Tao Of Physics*, Berkeley, Kalifornien, USA 1975 (Shambala Press); dt. *Das Tao der Physik*, München 1986 (Scherz)

Daumal, Rene: *Mount Analogue*, CA 1981 (Shambala Press); dt. *Der Analog*, Frankfurt/M. 1983 (Suhrkamp)

Goldstein, Joseph: *The Experience of Insight*, Santa Cruz, Kalifornien, USA 1976 (Unity Press); dt. *Vipassana-Meditation: die Entfaltung der Bewußtseinsklarheit*, Berlin 1978 (Schickler)

Krishnamurti, Jiddu: *Freedom From The Known*, San Francisco, Kalifornien, USA 1969 (Harper); *Einbruch in die Freiheit*, Berlin 1988 (Ullstein)

ders.: *Meditations*, (Indien) 1979 (Krishnamurti Foundation India); dt. *Revolution durch Meditation*, Bern 1982 (Humata-Verlag Blume)

Merrell-Wolff, Floyd: *The Philosophy of Consciousness Without An Object*, New York, USA 1973 (The Julian Press)

Merton, Thomas: *The Way of Chuang Tzu*, New York, USA 1965 (New Directions)

Michaels, Ragini Elizabeth: *Lions in Wait*, Seattle, Washington, USA 1992 (FACTICITY Trainings Inc.)

diess.: *Storytelling The Truth*

Osho: *Hidden Harmony (on Heraclitus)*, (Indien) 1976 (Rajneesh Foundation); dt. *Die verborgene Harmonie*, Margarethenried 1980 (Sannyas)

ders.: *When The Shoe Fits (on Chuang Tzu)*, (Indien) 1977 (Rajneesh Foundation); dt. *Die Schuhe auf dem Kopf*, Freising 1981 (Edition Lotos)

Reps, Paul: *Zen Flesh, Zen Bones*, New York, USA (Anchor Books, Doubleday, A 233); dt. *Ohne Worte – ohne Schweigen: 101 Zen-Geschichten*, München 1985 (O.W. Barth)

Sujata, Anagarika: *Beginning to See*, Santa Cruz, Kalifornien, USA 1975 (Unity Press); dt. *Beginning to see: Anleitung zur Meditation*, Klingelbach 1986 (Mandala)

Suzuki, Shunryu: *Zen Mind, Beginner's Mind*, New York, USA 1970 (Weatherhill, Inc.); dt. *Zen-Geist – Anfänger-Geist*, Zürich 1988 (Theseus)

Bücher zu NLP und Ericksonscher Hypnose

Andreas, Connirae und Steve: *The Heart Of The Mind*, Utah, USA 1989 (Real People Press); dt. *Mit Herz und Verstand*, Paderborn 1992 (Junfermann)

Bandler, Richard: *Use Your Brain For A Change*, Utah, USA 1985 (Real People Press); dt. *Veränderung des subjektiven Erlebens. Fortgeschrittene Methoden des NLP*, Paderborn 1987 (Junfermann)

Bandler, Richard/Grinder, John: *The Structure of Magic, I & II*, Palo Alto, Kalifornien, USA 1975/76 (Science and Behavior Books); dt.: *Die Struktur der Magie, I & II*, Paderborn 1990 (Junfermann)

diess.: *TRANCE-formations*, Utah, USA 1981 (Real People Press): dt. *Therapie in Trance*, Stuttgart 1987 (Klett-Cotta)

Dilts, Robert: *Changing Beliefs with NLP*, Cupertino, Kalifornien, USA 1990 (Meta Publications); dt. *Die Veränderung von Glaubenssystemen*, Paderborn 1991 (Junfermann)

Erickson, Milton H.: *Healing In Hypnosis*, New York, USA 1983 (Irvington Publishers); dt. *Hypnose: Induktion – psychotherapeutische Anwendung*, München 1986 (Pfeiffer)

James, Tad: *Time Line Therapy and The Basis of Personality*, Cupertino, Kalifornien, USA 1988 (Meta Publications); dt. *Time Line*, Paderborn 1992 (Junfermann)

Ornstein, Robert/Sobel, David.: *The Healing Brain*, New York, USA 1987 (Simon & Schuster); dt. *Das Gehirn, Schlüssel zur Gesundheit*, Freiburg 1995 (Verlag für Angewandte Kinesiologie GmbH)

Über die Autorin

Ragini Elizabeth Michaels arbeitet seit 18 Jahren als klinische Hypnotherapeutin nach Erickson und als NLP-Trainerin. Sie hält weltweit Vorträge über ihre Methode der FACTICITY (siehe Glossar), zu der sie auch Hörkassetten herausgibt. Wenn sie nicht arbeitet, wohnt sie im Nordwesten Amerikas am Pazifik, geht wandern, hört Musik oder malt ...

Informationen zu FACTICITY-Trainings sowie zu NLP- und Hypnotherapieseminaren (die gelegentlich auch in Hamburg, Köln, München und Berlin sowie in Spanien, Italien, Schottland, England und Dänemark stattfinden), Audiokassetten, Transkripten und anderen Produkten von Ragini Elizabeth Michaels erhalten Sie unter der folgenden Adresse:

FACTICITY Trainings, Inc.
Post Office Box 22814
Seattle, WA 98122
USA
Tel.: 001/206/462/4369
Fax: 001/206/547/0328

Was ist Facticity-Training?

Facticity-Trainings (im Text markiert durch Hervorhebung FAC-TICITY) haben sich zur Aufgabe gemacht, das menschliche Bewußtsein zu unterstützen und zu fördern, und zwar speziell in den Bereichen Kommunikation und Verhaltensänderungen. Wir fühlen uns verpflichtet, die bewußte Wahrnehmung zu stärken. Menschen, die bereits NLP und Hypnose anwenden, wollen wir unterstützen, hervorragende Leistungen zu erzielen und eine Schönheit in der Anwendung zu praktizieren. In unseren Trainingsprogrammen stehen hohe Qualität, Selbstwahrnehmung und Herzenswärme an erster Stelle. In den Facticity-Trainings wird gelehrt, daß ein *besser* geschulter Geist nicht unbedingt von Vorteil ist, wenn uns nicht gleichsam eine nicht-urteilende Wahrnehmung und neue Ebenen der Bewußtheit zugänglich sind, die diesen Geist in den Dienst einer menschlichen, offenen Einstellung stellen.

Facticity-Training bietet zertifizierte Ausbildungsprogramme für NLP-Practitioner und -Master-Practitioner. Gleichzeitig wird dabei eine Ausbildung in Ericksonscher Hypnose angeboten. Außerdem gibt es Trainings, in denen NLP und Massage integriert werden, sowie Kommunikationstrainings für Firmen.

Bei Facticity-Training sind zwei Audiokassetten zum Thema erhältlich (*Remembrance* und *Facticity*); außerdem sind in Amerika zwei neue Bücher von Ragini Elizabeth Michaels erschienen (*Lions in Wait* und *Storytelling The Truth* – ohne deutsche Übersetzung).

Das Audioprogramm

Die genannten Kassetten enthalten auf einer Seite hypnotische Trancetexte mit Musikbegleitung, auf der zweiten Seite nur die Musik. Auf beiden Kassetten (*Facticity* und *Remembrance*) wird die subliminale Hypnose von Erickson einen Schritt weitergeführt (subliminal ist etwas, sobald es unter der Wahrnehmungs- oder Bewußtseinsschwelle liegt; siehe auch Glossar *Ericksonsche Hypnose*).

Die subliminalen Kassetten bieten dem Hörer bestimmte Themen, die von einer ausgebildeten Sprecherin gesprochen werden, die dem Hörer sagt, was er tun soll. Diese Art der akustischen assoziativen Hypnose (AAH) regt die Fähigkeit Ihres Unbewußten an, selbst zu den Worten und Geräuschen zu finden, die Sie hören müssen, die Bilder zu kreieren, die Sie sehen müssen, und die Gefühle, die Sie fühlen wollen, um das Thema auf Ihre Weise zu erschließen.

Nachdem Sie einige Male die Seite mit der Trance angehört haben, wird Ihr Unbewußtes die Worte der Sprecherin und die neu geschaffene innere Erfahrung mit der Musik verbunden haben. Wenn Sie dann die Seite anhören, die nur mit Musik bespielt ist, wird sich Ihr Unbewußtes an die vorgesprochenen

Worte erinnern, und es wird beginnen, Sie so zu nutzen, wie es für *Sie* paßt.

Der Tanz zwischen der beruhigenden und melodiösen Stimme von Ragini Elizabeth Michaels und der inspirierenden, erhebenden Musik von Divyam Ambodha bringt Sie in einen sanften Fluß zu den Tiefen oder Höhen, die Sie bereit sind zu erforschen.

Die Originalmusik wurde von Divyam Ambodha komponiert, gespielt und aufgenommen. Die Musik wurde jeweils passend zum Thema der Kassette gestaltet.

Andrea Olsen, Caryn McHose:
Körpergeschichten.
Das Abenteuer der Körpererfahrung

Diese Körpergeschichten können Ihre Selbstwahrnehmung grundlegend verändern. Das Buch führt Sie durch 31 Lektionen praktischen Übens und Reflektierens zu einer intimen Begegnung mit dem eigenen Körper.

Eine spannende, leicht verständliche, zugleich fachlich qualifizierte Einführung in die Anatomie des Menschen, ursprünglich für Tänzer gedacht, aber von Nutzen für alle, die ihren Körper kennenlernen wollen.

1994, 170 Seiten, 109 Abbildungen, Paperback mit Fadenheftung (21 x 29,2 cm), 44,– DM/44,– sFr/321,– öS, ISBN 3-924077-34-7

Lowell Jay Arthur:
Das Geheimnis der Anziehung

Für alle, die sich eine Beziehung wünschen und nicht wissen, wie sie sich diesen Wunsch erfüllen.

Lowell Jay Arthur arbeitet als NLP-Trainer und Autor. In diesem Buch wird er Ihnen mit anregenden, aufeinander aufbauenden Übungen und mit Überraschungen auch zwischen den Zeilen Ihr eigenes Geheimnis nahebringen: das Geheimnis Ihrer ganz persönlichen Anziehungskraft. Er ermuntert Sie zu einer Abenteuerreise zu sich selbst, in der Sie alle Konventionen und Prägungen loslassen dürfen, um zu Ihrer eigenen Lebens- und Liebesform zu gelangen...

NLP zum Einsteigen und Abfahren!

1996, 313 Seiten, 12 Abb., Paperback (13 x 20,5 cm), 29,80 DM/29,80 sFR/218,– öS, ISBN 3-924077-77-0

Das **IAK Institut für Angewandte Kinesiologie GmbH, Freiburg,** veranstaltet laufend Kurse in Touch For Health (Gesund durch Berühren), in Edu-Kinestetik, in Entwicklungskinesiologie und in vielen anderen Bereichen der Angewandten Kinesiologie. Dank enger persönlicher Kontakte zu den Pionieren der AK ist das Institut in der Lage, ständig die neuesten Entwicklungen auf diesem Gebiet zu präsentieren.

Außerdem fördert das Institut die Verbreitung der Angewandten Kinesiologie im deutschsprachigen Raum durch Literaturempfehlungen und Adressenvermittlung.

Wer an der Arbeit des Instituts interessiert ist, kann kostenlose Unterlagen anfordern bei:

IAK Institut für Angewandte Kinesiologie GmbH, Freiburg
Zasiusstraße 67, D-79102 Freiburg, Telefon 07 61-733 08, Telefax 07 61-70 63 84

Manfred Clynes:
Auf den Spuren der Emotionen

Geleitwort: Yehudi Menuhin

Wissenschaftlich fundiert und zugleich visionär inspirierend, begründet dieses Buch eine neue Wissenschaft: die „sentische" Lehre vom Erfassen und Transformieren emotionaler Strukturen. Übungen lockern emotionale Sperren und fördern unsere emotionale Kommunikation mit anderen und mit uns selbst.

1996, ca. 350 Seiten, 70 Abbildungen,
Paperback (13 x 20,5 cm),
42,– DM/39,– sFr/307,– öS,
ISBN 3-924077-30-4

Das Schweigen des Weisen.
Lehrsprüche des Laotse

Ausgewählt, bearbeitet und illustriert von Tsai Tschih Tschung

Laotse, eine historisch nur schwer zu fassende Gestalt, die in der Zeit zwischen dem 6. und dem 3. Jh. v. Chr. wirkte, ist der Begründer des Taoismus, der neben dem Konfuzianismus einflußreichsten Ausprägung der chinesischen Geisteswelt. Ausgehend von der Erkenntnis, daß die Befriedigung materieller Wünsche und Begierden keine Erfüllung bringen kann, zeigt Laotse auch dem heutigen Menschen einen spirituellen Weg, auf dem der Einzelne durch Sanftmut und Selbstlosigkeit erneut mit sich und dem All „eins werden" kann.

1994, 102 Seiten, durchg. illustr., Paperb. (15 x 20,5 cm),
22,80 DM/22,80 sFr/166,– öS,
ISBN 3-924077-58-4

Joseph O'Connor, John Seymour:
Neurolinguistisches Programmieren: Gelungene Kommunikation und persönliche Entfaltung

Dieses Buch ist die erste Gesamtdarstellung des NLP in deutscher Sprache. Sie beschreibt alle wichtigen Grundlagen, Methoden und Instrumente.

Der systematische Aufbau, die leicht verständliche, humorvolle Sprache und viele anschauliche Beispiele machen das Buch zur Standardlektüre für NLP-Interessierte.

6. Auflage 1996, 369 Seiten, 20 Abbildungen,
Paperback (13 x 20,5 cm),
42,– DM/42,– sFR/307,– öS,
ISBN 3-924077-66-5